KIRGHIZE

V O C A B U L A I R E

POUR L'AUTOFORMATION

FRANÇAIS
KIRGHIZE

Les mots les plus utiles
Pour enrichir votre vocabulaire et aiguiser
vos compétences linguistiques

7000 mots

Vocabulaire Français-Kirghize pour l'autoformation - 7000 mots

Par Andrey Taranov

Les dictionnaires T&P Books ont pour but de vous aider à apprendre, à mémoriser et à réviser votre vocabulaire en langue étrangère. Ce dictionnaire thématique couvre tous les grands domaines du quotidien: l'économie, les sciences, la culture, etc ...

Acquérir du vocabulaire avec les dictionnaires thématiques T&P Books vous offre les avantages suivants:

- Les données d'origine sont regroupées de manière cohérente, ce qui vous permet une mémorisation lexicale optimale
- La présentation conjointe de mots ayant la même racine vous permet de mémoriser des groupes sémantiques entiers (plutôt que des mots isolés)
- Les sous-groupes sémantiques vous permettent d'associer les mots entre eux de manière logique, ce qui facilite votre consolidation du vocabulaire
- Votre maîtrise de la langue peut être évaluée en fonction du nombre de mots acquis

T&P Books Publishing
www.tpbooks.com

ISBN: 978-1-78767-062-4

Ce livre existe également en format électronique.
Pour plus d'informations, veuillez consulter notre site: www.tpbooks.com ou rendez-vous sur ceux des grandes librairies en ligne.

VOCABULAIRE KIRGHIZE POUR L'AUTOFORMATION
Dictionnaire thématique

Les dictionnaires T&P Books ont pour but de vous aider à apprendre, à mémoriser et à réviser votre vocabulaire en langue étrangère. Ce lexique présente, de façon thématique, plus de 7000 mots les plus fréquents de la langue.

- Ce livre comporte les mots les plus couramment utilisés
- Son usage est recommandé en complément de l'étude de toute autre méthode de langue
- Il répond à la fois aux besoins des débutants et à ceux des étudiants en langues étrangères de niveau avancé
- Il est idéal pour un usage quotidien, des séances de révision ponctuelles et des tests d'auto-évaluation
- Il vous permet de tester votre niveau de vocabulaire

Spécificités de ce dictionnaire thématique:

- Les mots sont présentés de manière sémantique, et non alphabétique
- Ils sont répartis en trois colonnes pour faciliter la révision et l'auto-évaluation
- Les groupes sémantiques sont divisés en sous-groupes pour favoriser l'apprentissage
- Ce lexique donne une transcription simple et pratique de chaque mot en langue étrangère

Ce dictionnaire comporte 198 thèmes, dont:

les notions fondamentales, les nombres, les couleurs, les mois et les saisons, les unités de mesure, les vêtements et les accessoires, les aliments et la nutrition, le restaurant, la famille et les liens de parenté, le caractère et la personnalité, les sentiments et les émotions, les maladies, la ville et la cité, le tourisme, le shopping, l'argent, la maison, le foyer, le bureau, la vie de bureau, l'import-export, le marketing, la recherche d'emploi, les sports, l'éducation, l'informatique, l'Internet, les outils, la nature, les différents pays du monde, les nationalités, et bien d'autres encore …

TABLE DES MATIÈRES

GUIDE DE PRONONCIATION

Alphabet phonétique T&P	Exemple en kirghize	Exemple en français
[a]	манжа [mandʒa]	classe
[e]	келечек [keletʃek]	équipe
[i]	жигит [dʒigit]	stylo
[ı]	кубаныч [kubanıtʃ]	le "i dur"
[o]	мактоо [maktoo]	normal
[u]	узундук [uzunduk]	boulevard
[ʉ]	алюминий [alʉminij]	voyou
[y]	түнкү [tynky]	Portugal
[b]	ашкабак [aʃkabak]	bureau
[d]	адам [adam]	document
[dʒ]	жыгач [dʒıgatʃ]	adjoint
[f]	флейта [flejta]	formule
[g]	тегерек [tegerek]	gris
[j]	бөйрөк [bøjrøk]	maillot
[k]	карапа [karapa]	bocal
[l]	алтын [altın]	vélo
[m]	бешмант [beʃmant]	minéral
[n]	найза [najza]	ananas
[ŋ]	булуң [buluŋ]	parking
[p]	пайдубал [pajdubal]	panama
[r]	рахмат [raχmat]	racine, rouge
[s]	сагызган [sagızgan]	syndicat
[ʃ]	бурулуш [buruluʃ]	chariot
[t]	түтүн [tytyn]	tennis
[χ]	пахтадан [paχtadan]	ha! hop!
[ts]	шприц [ʃprits]	gratte-ciel
[tʃ]	биринчи [birintʃi]	match
[v]	квартал [kvartal]	rivière
[z]	казуу [kazuu]	gazeuse
[ʲ]	руль, актёр [rulʲ, aktʲor]	signe de palatalisation
[ʰ]	объектив [obʰjektiv]	signe dur

ABRÉVIATIONS
employées dans ce livre

Abréviations en français

adj	-	adjective
adv	-	adverbe
anim.	-	animé
conj	-	conjonction
dénombr.	-	dénombrable
etc.	-	et cetera
f	-	nom féminin
f pl	-	féminin pluriel
fam.	-	familiar
fem.	-	féminin
form.	-	formal
inanim.	-	inanimé
indénombr.	-	indénombrable
m	-	nom masculin
m pl	-	masculin pluriel
m, f	-	masculin, féminin
masc.	-	masculin
math	-	mathematics
mil.	-	militaire
pl	-	pluriel
prep	-	préposition
pron	-	pronom
qch	-	quelque chose
qn	-	quelqu'un
sing.	-	singulier
v aux	-	verbe auxiliaire
v imp	-	verbe impersonnel
vi	-	verbe intransitif
vi, vt	-	verbe intransitif, transitif
vp	-	verbe pronominal
vt	-	verbe transitif

CONCEPTS DE BASE

Concepts de base. Partie 1

1. Les pronoms

je	мен, мага	men, maga
tu	сен	sen
il, elle, ça	ал	al
ils, elles	алар	alar

2. Adresser des vœux. Se dire bonjour. Se dire au revoir

Bonjour! (fam.)	Салам!	salam!
Bonjour! (form.)	Саламатсызбы!	salamatsızbı!
Bonjour! (le matin)	Кутман таңыңыз менен!	kutman taŋıŋız menen!
Bonjour! (après-midi)	Кутман күнүңүз менен!	kutman kynyŋyz menen!
Bonsoir!	Кутман кечиңиз менен!	kutman ketʃiŋiz menen!
dire bonjour	учурашуу	utʃuraʃuu
Salut!	Кандай!	kandaj!
salut (m)	салам	salam
saluer (vt)	саламдашуу	salamdaʃuu
Comment ça va?	Иштериң кандай?	iʃteriŋ kandaj?
Comment allez-vous?	Иштериңиз кандай?	iʃteriŋiz kandaj?
Comment ça va?	Иштер кандай?	iʃter kandaj?
Quoi de neuf?	Эмне жаңылык?	emne dʒaŋılık?
Au revoir!	Көрүшкөнчө!	køryʃkøntʃø!
À bientôt!	Эмки жолукканга чейин!	emki dʒolukkanga tʃejin!
Adieu! (fam.)	Кош бол!	koʃ bol!
Adieu! (form.)	Кош болуңуз!	koʃ boluŋuz!
dire au revoir	коштошуу	koʃtoʃuu
Salut! (À bientôt!)	Жакшы кал!	dʒakʃı kal!
Merci!	Рахмат!	raxmat!
Merci beaucoup!	Чоң рахмат!	tʃoŋ raxmat!
Je vous en prie	Эч нерсе эмес	etʃ nerse emes
Il n'y a pas de quoi	Алкышка арзыбайт	alkıʃka arzıbajt
Pas de quoi	Эчтеке эмес.	etʃteke emes
Excuse-moi!	Кечир!	ketʃir!
Excusez-moi!	Кечирип коюңузчу!	ketʃirip kojuŋuztʃu!
excuser (vt)	кечирүү	ketʃiryy
s'excuser (vp)	кечирим суроо	ketʃirim suroo
Mes excuses	Кечирим сурайм.	ketʃirim surajm

Pardonnez-moi!	Кечиресиз!	ketʃiresiz!
pardonner (vt)	кечирүү	ketʃiryy
C'est pas grave	Эч капачылык жок.	etʃ kapatʃılık dʒok
s'il vous plaît	суранам	suranam
N'oubliez pas!	Унутуп калбаңыз!	unutup kalbaŋız!
Bien sûr!	Албетте!	albette!
Bien sûr que non!	Албетте жок!	albette dʒok!
D'accord!	Макул!	makul!
Ça suffit!	Жетишет!	dʒetiʃet!

3. Les nombres cardinaux. Partie 1

zéro	нөл	nøl
un	бир	bir
deux	эки	eki
trois	үч	ytʃ
quatre	төрт	tørt
cinq	беш	beʃ
six	алты	altı
sept	жети	dʒeti
huit	сегиз	segiz
neuf	тогуз	toguz
dix	он	on
onze	он бир	on bir
douze	он эки	on eki
treize	он үч	on ytʃ
quatorze	он төрт	on tørt
quinze	он беш	on beʃ
seize	он алты	on altı
dix-sept	он жети	on dʒeti
dix-huit	он сегиз	on segiz
dix-neuf	он тогуз	on toguz
vingt	жыйырма	dʒıjırma
vingt et un	жыйырма бир	dʒıjırma bir
vingt-deux	жыйырма эки	dʒıjırma eki
vingt-trois	жыйырма үч	dʒıjırma ytʃ
trente	отуз	otuz
trente et un	отуз бир	otuz bir
trente-deux	отуз эки	otuz eki
trente-trois	отуз үч	otuz ytʃ
quarante	кырк	kırk
quarante-deux	кырк эки	kırk eki
quarante-trois	кырк үч	kırk ytʃ
cinquante	элүү	elyy
cinquante et un	элүү бир	elyy bir
cinquante-deux	элүү эки	elyy eki

cinquante-trois	элүү үч	elyy ytʃ
soixante	алтымыш	altımıʃ
soixante et un	алтымыш бир	altımıʃ bir
soixante-deux	алтымыш эки	altımıʃ eki
soixante-trois	алтымыш үч	altımıʃ ytʃ
soixante-dix	жетимиш	dʒetimiʃ
soixante et onze	жетимиш бир	dʒetimiʃ bir
soixante-douze	жетимиш эки	dʒetimiʃ eki
soixante-treize	жетимиш үч	dʒetimiʃ ytʃ
quatre-vingts	сексен	seksen
quatre-vingt et un	сексен бир	seksen bir
quatre-vingt deux	сексен эки	seksen eki
quatre-vingt trois	сексен үч	seksen ytʃ
quatre-vingt-dix	токсон	tokson
quatre-vingt et onze	токсон бир	tokson bir
quatre-vingt-douze	токсон эки	tokson eki
quatre-vingt-treize	токсон үч	tokson ytʃ

4. Les nombres cardinaux. Partie 2

cent	бир жүз	bir dʒyz
deux cents	эки жүз	eki dʒyz
trois cents	үч жүз	ytʃ dʒyz
quatre cents	төрт жүз	tørt dʒyz
cinq cents	беш жүз	beʃ dʒyz
six cents	алты жүз	altı dʒyz
sept cents	жети жүз	dʒeti dʒyz
huit cents	сегиз жүз	segiz dʒyz
neuf cents	тогуз жүз	toguz dʒyz
mille	бир миң	bir miŋ
deux mille	эки миң	eki miŋ
trois mille	үч миң	ytʃ miŋ
dix mille	он миң	on miŋ
cent mille	жүз миң	dʒyz miŋ
million (m)	миллион	million
milliard (m)	миллиард	milliard

5. Les nombres. Fractions

fraction (f)	бөлчөк	bøltʃøk
un demi	экиден бир	ekiden bir
un tiers	үчтөн бир	ytʃtøn bir
un quart	төрттөн бир	tørttøn bir
un huitième	сегизден бир	segizden bir
un dixième	тогуздан бир	toguzdan bir
deux tiers	үчтөн эки	ytʃtøn eki
trois quarts	төрттөн үч	tørttøn ytʃ

6. Les nombres. Opérations mathématiques

soustraction (f)	кемитүү	kemityy
soustraire (vt)	кемитүү	kemityy
division (f)	бөлүү	bølyy
diviser (vt)	бөлүү	bølyy
addition (f)	кошуу	koʃuu
additionner (vt)	кошуу	koʃuu
ajouter (vt)	кошуу	koʃuu
multiplication (f)	көбөйтүү	købøjtyy
multiplier (vt)	көбөйтүү	købøjtyy

7. Les nombres. Divers

chiffre (m)	санарип	sanarip
nombre (m)	сан	san
adjectif (m) numéral	сан атооч	san atootʃ
moins (m)	кемитүү	kemityy
plus (m)	плюс	plʉs
formule (f)	формула	formula
calcul (m)	эсептөө	eseptøø
compter (vt)	саноо	sanoo
calculer (vt)	эсептөө	eseptøø
comparer (vt)	салыштыруу	salıʃtıruu
Combien?	Канча?	kantʃa?
somme (f)	жыйынтык	dʒıjıntık
résultat (m)	натыйжа	natıjdʒa
reste (m)	калдык	kaldık
quelques …	бир нече	bir netʃe
peu de …	биртике	bir az
peu de … (dénombr.)	бир аз	bir az
peu de … (indénombr.)	кичине	kitʃine
reste (m)	калганы	kalganı
un et demi	бир жарым	bir dʒarım
douzaine (f)	он эки даана	on eki daana
en deux (adv)	тең экиге	teŋ ekige
en parties égales	тең	teŋ
moitié (f)	жарым	dʒarım
fois (f)	бир жолу	bir dʒolu

8. Les verbes les plus importants. Partie 1

aider (vt)	жардам берүү	dʒardam beryy
aimer (qn)	сүйүү	syjyy
aller (à pied)	жөө басуу	dʒøø basuu
apercevoir (vt)	байкоо	bajkoo

appartenir à …	таандык болуу	taandık boluu
appeler (au secours)	чакыруу	tʃakıruu
attendre (vt)	күтүү	kytyy
attraper (vt)	кармоо	karmoo
avertir (vt)	эскертүү	eskertyy

avoir (vt)	бар болуу	bar boluu
avoir confiance	ишенүү	iʃenyy
avoir faim	ачка болуу	atʃka boluu

avoir peur	жазкануу	dʒazkanuu
avoir soif	суусап калуу	suusap kaluu
cacher (vt)	жашыруу	dʒaʃıruu
casser (briser)	сындыруу	sındıruu
cesser (vt)	токтотуу	toktotuu

changer (vt)	өзгөртүү	øzgørtyy
chasser (animaux)	аңчылык кылуу	aŋtʃılık kıluu
chercher (vt)	… издөө	… izdøø
choisir (vt)	тандоо	tandoo
commander (~ le menu)	буйрутма кылуу	bujrutma kıluu

commencer (vt)	баштоо	baʃtoo
comparer (vt)	салыштыруу	salıʃtıruu
comprendre (vt)	түшүнүү	tyʃynyy
compter (dénombrer)	саноо	sanoo
compter sur …	… ишенүү	… iʃenyy

confondre (vt)	адаштыруу	adaʃtıruu
connaître (qn)	таануу	taanuu
conseiller (vt)	кеңеш берүү	keŋeʃ beryy
continuer (vt)	улантуу	ulantuu
contrôler (vt)	башкаруу	baʃkaruu

courir (vi)	чуркоо	tʃurkoo
coûter (vt)	туруу	turuu
créer (vt)	жаратуу	dʒaratuu
creuser (vt)	казуу	kazuu
crier (vi)	кыйкыруу	kıjkıruu

9. Les verbes les plus importants. Partie 2

décorer (~ la maison)	кооздоо	koozdoo
défendre (vt)	коргоо	korgoo
déjeuner (vi)	түштөнүү	tyʃtønyy
demander (~ l'heure)	суроо	suroo
demander (de faire qch)	суроо	suroo

descendre (vi)	ылдый түшүү	ıldıj tyʃyy
deviner (vt)	жандырмагын табуу	dʒandırmagın tabuu
dîner (vi)	кечки тамакты ичүү	ketʃki tamaktı itʃyy
dire (vt)	айтуу	ajtuu
diriger (~ une usine)	башкаруу	baʃkaruu
discuter (vt)	талкуулоо	talkuuloo

donner (vt)	берүү	beryy
donner un indice	четин чыгаруу	tʃetin tʃigaruu
douter (vt)	күмөн саноо	kymøn sanoo
écrire (vt)	жазуу	dʒazuu
entendre (bruit, etc.)	угуу	uguu

entrer (vi)	кирүү	kiryy
envoyer (vt)	жөнөтүү	dʒønøtyy
espérer (vi)	үмүттөнүү	ymyttønyy
essayer (vt)	аракет кылуу	araket kıluu

être (vi)	болуу	boluu
être d'accord	макул болуу	makul boluu
être nécessaire	керек болуу	kerek boluu
être pressé	шашуу	ʃaʃuu

étudier (vt)	окуу	okuu
excuser (vt)	кечирүү	ketʃiryy
exiger (vt)	талап кылуу	talap kıluu
exister (vi)	чыгуу	tʃıguu
expliquer (vt)	түшүндүрүү	tyʃyndyryy

faire (vt)	кылуу	kıluu
faire tomber	түшүрүп алуу	tyʃyryp aluu
finir (vt)	бүтүрүү	bytyryy
garder (conserver)	сактоо	saktoo
gronder, réprimander (vt)	урушуу	uruʃuu

informer (vt)	маалымат берүү	maalımat beryy
insister (vi)	көшөрүү	køʃøryy
insulter (vt)	кемсинтүү	kemsintyy
inviter (vt)	чакыруу	tʃakıruu
jouer (s'amuser)	ойноо	ojnoo

10. Les verbes les plus importants. Partie 3

libérer (ville, etc.)	бошотуу	boʃotuu
lire (vi, vt)	окуу	okuu
louer (prendre en location)	батирге алуу	batirge aluu
manquer (l'école)	калтыруу	kaltıruu
menacer (vt)	коркутуу	korkutuu

mentionner (vt)	айтып өтүү	ajtıp øtyy
montrer (vt)	көрсөтүү	kørsøtyy
nager (vi)	сүзүү	syzyy
objecter (vt)	каршы болуу	karʃı boluu
observer (vt)	байкоо салуу	bajkoo

ordonner (mil.)	буйрук кылуу	bujruk kıluu
oublier (vt)	унутуу	unutuu
ouvrir (vt)	ачуу	atʃuu
pardonner (vt)	кечирүү	ketʃiryy
parler (vi, vt)	сүйлөө	syjløø
participer à ...	катышуу	katıʃuu

payer (régler)	төлөө	tøløø
penser (vi, vt)	ойлоо	ojloo
permettre (vt)	уруксат берүү	uruksat beryy
plaire (être apprécié)	жактыруу	dʒaktıruu
plaisanter (vi)	тамашалоо	tamaʃaloo
planifier (vt)	пландаштыруу	plandaʃtıruu
pleurer (vi)	ыйлоо	ıjloo
posséder (vt)	ээ болуу	ee boluu
pouvoir (v aux)	жасай алуу	dʒasaj aluu
préférer (vt)	артык көрүү	artık køryy
prendre (vt)	алуу	aluu
prendre en note	кагазга түшүрүү	kagazga tyʃyryy
prendre le petit déjeuner	эртең менен тамактануу	erteŋ menen tamaktanuu
préparer (le dîner)	тамак бышыруу	tamak bıʃıruu
prévoir (vt)	күтүү	kytyy
prier (~ Dieu)	дуба кылуу	duba kıluu
promettre (vt)	убада берүү	ubada beryy
prononcer (vt)	айтуу	ajtuu
proposer (vt)	сунуштоо	sunuʃtoo
punir (vt)	жазалоо	dʒazaloo

11. Les verbes les plus importants. Partie 4

recommander (vt)	сунуштоо	sunuʃtoo
regretter (vt)	өкүнүү	økynyy
répéter (dire encore)	кайталоо	kajtaloo
répondre (vi, vt)	жооп берүү	dʒoop beryy
réserver (une chambre)	камдык буйрутмалоо	kamdık bujrutmaloo
rester silencieux	унчукпоо	untʃukpoo
réunir (regrouper)	бириктирүү	biriktiryy
rire (vi)	күлүү	kylyy
s'arrêter (vp)	токтоо	toktoo
s'asseoir (vp)	отуруу	oturuu
sauver (la vie à qn)	куткаруу	kutkaruu
savoir (qch)	билүү	bilyy
se baigner (vp)	сууга түшүү	suuga tyʃyy
se plaindre (vp)	арыздануу	arızdanuu
se refuser (vp)	баш тартуу	baʃ tartuu
se tromper (vp)	ката кетирүү	kata ketiryy
se vanter (vp)	мактануу	maktanuu
s'étonner (vp)	таң калуу	taŋ kaluu
s'excuser (vp)	кечирим суроо	ketʃirim suroo
signer (vt)	кол коюу	kol kojʉu
signifier (vt)	билдирүү	bildiryy
s'intéresser (vp)	… кызыгуу	… kızıguu
sortir (aller dehors)	чыгуу	tʃıguu
sourire (vi)	жылмаюу	dʒılmadʒʉu

sous-estimer (vt)	баалабоо	baalaboo
suivre ... (suivez-moi)	... ээрчүү	... eertʃyy
tirer (vi)	атуу	atuu
tomber (vi)	жыгылуу	dʒıgıluu
toucher (avec les mains)	тийүү	tijyy
tourner (~ à gauche)	бурулуу	buruluu
traduire (vt)	которуу	kotoruu
travailler (vi)	иштөө	iʃtøø
tromper (vt)	алдоо	aldoo
trouver (vt)	таап алуу	taap aluu
tuer (vt)	өлтүрүү	øltyryy
vendre (vt)	сатуу	satuu
venir (vi)	келүү	kelyy
voir (vt)	көрүү	køryy
voler (avion, oiseau)	учуу	utʃuu
voler (qch à qn)	уурдоо	uurdoo
vouloir (vt)	каалоо	kaaloo

12. Les couleurs

couleur (f)	түс	tys
teinte (f)	кошумча түс	koʃumtʃa tys
ton (m)	кубулуу	kubuluu
arc-en-ciel (m)	күндүн кулагы	kyndyn kulagı
blanc (adj)	ак	ak
noir (adj)	кара	kara
gris (adj)	боз	boz
vert (adj)	жашыл	dʒaʃıl
jaune (adj)	сары	sarı
rouge (adj)	кызыл	kızıl
bleu (adj)	көк	køk
bleu clair (adj)	көгүлтүр	køgyltyr
rose (adj)	мала	mala
orange (adj)	кызгылт сары	kızgılt sarı
violet (adj)	сыя көк	sıja køk
brun (adj)	күрөң	kyrøŋ
d'or (adj)	алтын түстүү	altın tystyy
argenté (adj)	күмүш өңдүү	kymyʃ øŋdyy
beige (adj)	сары боз	sarı boz
crème (adj)	саргылт	sargılt
turquoise (adj)	бирюза	biruza
rouge cerise (adj)	кочкул кызыл	kotʃkul kızıl
lilas (adj)	кызгылт көгүш	kızgılt køgyʃ
framboise (adj)	ачык кызыл	atʃık kızıl
clair (adj)	ачык	atʃık
foncé (adj)	күңүрт	kyŋyrt

vif (adj)	ачык	atʃık
de couleur (adj)	түстүү	tystyy
en couleurs (adj)	түстүү	tystyy
noir et blanc (adj)	ак-кара	ak-kara
unicolore (adj)	бир өңчөй түстө	bir øŋtʃøj tystø
multicolore (adj)	ар түрдүү түстө	ar tyrdyy tystø

13. Les questions

Qui?	Ким?	kim?
Quoi?	Эмне?	emne?
Où? (~ es-tu?)	Каерде?	kaerde?
Où? (~ vas-tu?)	Каяка?	kajaka?
D'où?	Каяктан?	kajaktan?
Quand?	Качан?	katʃan?
Pourquoi? (~ es-tu venu?)	Эмне үчүн?	emne ytʃyn?
Pourquoi? (~ t'es pâle?)	Эмнеге?	emnege?

À quoi bon?	Кайсы керекке?	kajsı kerekke?
Comment?	Кандай?	kandaj?
Quel? (à ~ prix?)	Кайсы?	kajsı?
Lequel?	Кайсынысы?	kajsınısı?

À qui? (pour qui?)	Кимге?	kimge?
De qui?	Ким жөнүндө?	kim dʒønyndø?
De quoi?	Эмне жөнүндө?	emne dʒønyndø?
Avec qui?	Ким менен?	kim menen?

Combien?	Канча?	kantʃa?
À qui? (~ est ce livre?)	Кимдики?	kimdiki?
À qui? (objet, fem.)	Кимдики?	kimdiki?
À qui? (objets, pl)	Кимдердики?	kimderdiki?

14. Les mots-outils. Les adverbes. Partie 1

Où? (~ es-tu?)	Каерде?	kaerde?
ici (c'est ~)	бул жерде	bul dʒerde
là-bas (c'est ~)	тээтигил жакта	teetigil dʒakta

| quelque part (être) | бир жерде | bir dʒerde |
| nulle part (adv) | эч жакта | etʃ dʒakta |

| près de ... | ... жанында | ... dʒanında |
| près de la fenêtre | терезенин жанында | terezenin dʒanında |

Où? (~ vas-tu?)	Каяка?	kajaka?
ici (Venez ~)	бери	beri
là-bas (j'irai ~)	нары	narı
d'ici (adv)	бул жерден	bul dʒerden
de là-bas (adv)	тигил жерден	tigil dʒerden
près (pas loin)	жакын	dʒakın
loin (adv)	алыс	alıs

près de (~ Paris)	... тегерегинде	... tegereginde
tout près (adv)	жакын арада	dʒakın arada
pas loin (adv)	алыс эмес	alıs emes
gauche (adj)	сол	sol
à gauche (être ~)	сол жакта	sol dʒakta
à gauche (tournez ~)	солго	solgo
droit (adj)	оң	oŋ
à droite (être ~)	оң жакта	oŋ dʒakta
à droite (tournez ~)	оңго	oŋgo
devant (adv)	астыда	astıda
de devant (adj)	алдыңкы	aldıŋkı
en avant (adv)	алдыга	aldıga
derrière (adv)	артында	artında
par derrière (adv)	артынан	artınan
en arrière (regarder ~)	артка	artka
milieu (m)	ортосу	ortosu
au milieu (adv)	ортосунда	ortosunda
de côté (vue ~)	капталында	kaptalında
partout (adv)	бүт жерде	byt dʒerde
autour (adv)	айланасында	ajlanasında
de l'intérieur	ичинде	itʃinde
quelque part (aller)	бир жерде	bir dʒerde
tout droit (adv)	түз	tyz
en arrière (revenir ~)	кайра	kajra
de quelque part (n'import d'où)	бир жерден	bir dʒerden
de quelque part (on ne sait pas d'où)	бир жактан	bir dʒaktan
premièrement (adv)	биринчиден	birintʃiden
deuxièmement (adv)	экинчиден	ekintʃiden
troisièmement (adv)	үчүнчүдөн	ytʃyntʃydøn
soudain (adv)	күтпөгөн жерден	kytpøgøn dʒerden
au début (adv)	башында	baʃında
pour la première fois	биринчи жолу	birintʃi dʒolu
bien avant ...	... алдында	... aldında
de nouveau (adv)	башынан	baʃınan
pour toujours (adv)	түбөлүккө	tybølykkø
jamais (adv)	эч качан	etʃ katʃan
de nouveau, encore (adv)	кайра	kajra
maintenant (adv)	эми	emi
souvent (adv)	көпчүлүк учурда	køptʃylyk utʃurda
alors (adv)	анда	anda
d'urgence (adv)	тезинен	tezinen
d'habitude (adv)	көбүнчө	købyntʃø
à propos, ...	баса, ...	basa, ...

c'est possible	мүмкүн	mymkyn
probablement (adv)	балким	balkim
peut-être (adv)	ыктымал	ıktımal
en plus, ...	андан тышкары, ...	andan tıʃkarı, ...
c'est pourquoi ...	ошондуктан ...	oʃonduktan ...
malgré ...	... карабастан	... karabastan
grâce à ...	... күчү менен	... kytʃy menen

quoi (pron)	эмне	emne
que (conj)	эмне	emne
quelque chose (Il m'est arrivé ~)	бир нерсе	bir nerse
quelque chose (peut-on faire ~)	бир нерсе	bir nerse
rien (m)	эч нерсе	etʃ nerse

qui (pron)	ким	kim
quelqu'un (on ne sait pas qui)	кимдир бирөө	kimdir birøø
quelqu'un (n'importe qui)	бирөө жарым	birøø dʒarım

personne (pron)	эч ким	etʃ kim
nulle part (aller ~)	эч жака	etʃ dʒaka
de personne	эч кимдики	etʃ kimdiki
de n'importe qui	бирөөнүкү	birøønyky

comme ça (adv)	эми	emi
également (adv)	ошондой эле	oʃondoj ele
aussi (adv)	дагы	dagı

15. Les mots-outils. Les adverbes. Partie 2

Pourquoi?	Эмнеге?	emnege?
pour une certaine raison	эмнегедир	emnegedir
parce que ...	... себептен	... sebepten
pour une raison quelconque	эмне үчүндүр	emne ytʃyndyr

et (conj)	жана	dʒana
ou (conj)	же	dʒe
mais (conj)	бирок	birok
pour ... (prep)	үчүн	ytʃyn

trop (adv)	өтө эле	øtø ele
seulement (adv)	азыр эле	azır ele
précisément (adv)	так	tak
près de ... (prep)	болжол менен	boldʒol menen

approximativement	болжол менен	boldʒol menen
approximatif (adj)	болжолдуу	boldʒolduu
presque (adv)	дээрлик	deerlik
reste (m)	калганы	kalganı

l'autre (adj)	башка	baʃka
autre (adj)	башка бөлөк	baʃka bøløk
chaque (adj)	ар бири	ar biri

n'importe quel (adj)	баардык	baardık
beaucoup (adv)	көп	køp
plusieurs (pron)	көбү	køby
tous	баары	baarı
en échange de …	… алмашуу	… almaʃuu
en échange (adv)	ордуна	orduna
à la main (adv)	колго	kolgo
peu probable (adj)	ишенүүгө болбойт	iʃenyygø bolbojt
probablement (adv)	балким	balkim
exprès (adv)	атайын	atajın
par accident (adv)	кокустан	kokustan
très (adv)	аябай	ajabaj
par exemple (adv)	мисалы	misalı
entre (prep)	ортосунда	ortosunda
parmi (prep)	арасында	arasında
autant (adv)	ошончо	oʃontʃo
surtout (adv)	өзгөчө	øzgøtʃø

Concepts de base. Partie 2

16. Les jours de la semaine

lundi (m)	дүйшөмбү	dyjʃømby
mardi (m)	шейшемби	ʃejʃembi
mercredi (m)	шаршемби	ʃarʃembi
jeudi (m)	бейшемби	bejʃembi
vendredi (m)	жума	dʒuma
samedi (m)	ишенби	iʃenbi
dimanche (m)	жекшемби	dʒekʃembi
aujourd'hui (adv)	бүгүн	bygyn
demain (adv)	эртең	erteŋ
après-demain (adv)	бирсүгүнү	birsygyny
hier (adv)	кечээ	ketʃee
avant-hier (adv)	мурда күнү	murda kyny
jour (m)	күн	kyn
jour (m) ouvrable	иш күнү	iʃ kyny
jour (m) férié	майрам күнү	majram kyny
jour (m) de repos	дем алыш күн	dem alıʃ kyn
week-end (m)	дем алыш күндөр	dem alıʃ kyndør
toute la journée	күнү бою	kyny bojʉ
le lendemain	кийинки күнү	kijinki kyny
il y a 2 jours	эки күн мурун	eki kyn murun
la veille	жакында	dʒakında
quotidien (adj)	күндө	kyndø
tous les jours	күн сайын	kyn sajın
semaine (f)	жума	dʒuma
la semaine dernière	өткөн жумада	øtkøn dʒumada
la semaine prochaine	келаткан жумада	kelatkan dʒumada
hebdomadaire (adj)	жума сайын	dʒuma sajın
chaque semaine	жума сайын	dʒuma sajın
2 fois par semaine	жумасына эки жолу	dʒumasına eki dʒolu
tous les mardis	ар шейшемби	ar ʃejʃembi

17. Les heures. Le jour et la nuit

matin (m)	таң	taŋ
le matin	эртең менен	erteŋ menen
midi (m)	жарым күн	dʒarım kyn
dans l'après-midi	түштөн кийин	tyʃtøn kijin
soir (m)	кеч	ketʃ
le soir	кечинде	ketʃinde

nuit (f)	түн	tyn
la nuit	түндө	tyndø
minuit (f)	жарым түн	dʒarım tyn
seconde (f)	секунда	sekunda
minute (f)	мүнөт	mynøt
heure (f)	саат	saat
demi-heure (f)	жарым саат	dʒarım saat
un quart d'heure	чейрек саат	tʃejrek saat
quinze minutes	он беш мүнөт	on beʃ mynøt
vingt-quatre heures	сутка	sutka
lever (m) du soleil	күндүн чыгышы	kyndyn tʃıgıʃı
aube (f)	таң агаруу	taŋ agaruu
point (m) du jour	таң эрте	taŋ erte
coucher (m) du soleil	күн батуу	kyn batuu
tôt le matin	таң эрте	taŋ erte
ce matin	бүгүн эртең менен	bygyn erteŋ menen
demain matin	эртең эртең менен	erteŋ erteŋ menen
cet après-midi	күндүзү	kyndyzy
dans l'après-midi	түштөн кийин	tyʃtøn kijin
demain après-midi	эртең түштөн кийин	erteŋ tyʃtøn kijin
ce soir	бүгүн кечинде	bygyn ketʃinde
demain soir	эртең кечинде	erteŋ ketʃinde
à 3 heures précises	туура саат үчтө	tuura saat ytʃtø
autour de 4 heures	болжол менен төрт саат	boldʒol menen tørt saat
vers midi	саат он экиде	saat on ekide
dans 20 minutes	жыйырма мүнөттөн кийин	dʒıjırma mynøttøn kijin
dans une heure	бир сааттан кийин	bir saattan kijin
à temps	өз убагында	øz ubagında
... moins le quart	... он беш мүнөт калды	... on beʃ mynøt kaldı
en une heure	бир сааттын ичинде	bir saattın itʃinde
tous les quarts d'heure	он беш мүнөт сайын	on beʃ mynøt sajın
24 heures sur 24	бир сутка бою	bir sutka bojʉ

18. Les mois. Les saisons

janvier (m)	январь	janvarʲ
février (m)	февраль	fevralʲ
mars (m)	март	mart
avril (m)	апрель	aprelʲ
mai (m)	май	maj
juin (m)	июнь	ijʉnʲ
juillet (m)	июль	ijʉlʲ
août (m)	август	avgust
septembre (m)	сентябрь	sentʲabrʲ
octobre (m)	октябрь	oktʲabrʲ
novembre (m)	ноябрь	nojabrʲ
décembre (m)	декабрь	dekabrʲ

printemps (m)	жаз	dʒaz
au printemps	жазында	dʒazında
de printemps (adj)	жазгы	dʒazgı
été (m)	жай	dʒaj
en été	жайында	dʒajında
d'été (adj)	жайкы	dʒajkı
automne (m)	күз	kyz
en automne	күзүндө	kyzyndø
d'automne (adj)	күздүк	kyzdyk
hiver (m)	кыш	kıʃ
en hiver	кышында	kıʃında
d'hiver (adj)	кышкы	kıʃkı
mois (m)	ай	aj
ce mois	ушул айда	uʃul ajda
le mois prochain	кийинки айда	kijinki ajda
le mois dernier	өткөн айда	øtkøn ajda
il y a un mois	бир ай мурун	bir aj murun
dans un mois	бир айдан кийин	bir ajdan kijin
dans 2 mois	эки айдан кийин	eki ajdan kijin
tout le mois	ай бою	aj bojʉ
tout un mois	толук бир ай	toluk bir aj
mensuel (adj)	ай сайын	aj sajın
mensuellement	ай сайын	aj sajın
chaque mois	ар бир айда	ar bir ajda
2 fois par mois	айына эки жолу	ajına eki dʒolu
année (f)	жыл	dʒıl
cette année	бул жылы	bul dʒılı
l'année prochaine	келаткан жылы	kelatkan dʒılı
l'année dernière	өткөн жылы	øtkøn dʒılı
il y a un an	бир жыл мурун	bir dʒıl murun
dans un an	бир жылдан кийин	bir dʒıldan kijin
dans 2 ans	эки жылдан кийин	eki dʒıldan kijin
toute l'année	жыл бою	dʒıl bodʒʉ
toute une année	толук бир жыл	toluk bir dʒıl
chaque année	ар жыл сайын	ar dʒıl sajın
annuel (adj)	жыл сайын	dʒıl sajın
annuellement	жыл сайын	dʒıl sajın
4 fois par an	жылына төрт жолу	dʒılına tørt dʒolu
date (f) (jour du mois)	число	tʃislo
date (f) (~ mémorable)	күн	kyn
calendrier (m)	календарь	kalendarʲ
six mois	жарым жыл	dʒarım dʒıl
semestre (m)	жарым чейрек	dʒarım tʃejrek
saison (f)	мезгил	mezgil
siècle (m)	кылым	kılım

19. La notion de temps. Divers

temps (m)	убакыт	ubakıt
moment (m)	учур	utʃur
instant (m)	кез ирмемде	køz irmemde
instantané (adj)	кез ирмемде	køz irmemde
laps (m) de temps	убакыттын бир бөлүгү	ubakıttın bir bølygy
vie (f)	жашоо	dʒaʃoo
éternité (f)	түбөлүк	tybølyk
époque (f)	доор	door
ère (f)	заман	zaman
cycle (m)	мерчим	mertʃim
période (f)	мезгил	mezgil
délai (m)	мөөнөт	møønøt
avenir (m)	келечек	keletʃek
prochain (adj)	келечек	keletʃek
la fois prochaine	кийинки жолу	kijinki dʒolu
passé (m)	өткөн	øtkøn
passé (adj)	өткөн	øtkøn
la fois passée	өткөндө	øtkøndø
plus tard (adv)	кийнчерээк	kijntʃereek
après (prep)	кийин	kijin
à présent (adv)	азыр, учурда	azır, utʃurda
maintenant (adv)	азыр	azır
immédiatement (adv)	тез арада	tez arada
bientôt (adv)	жакында	dʒakında
d'avance (adv)	алдын ала	aldın ala
il y a longtemps	көп убакыт мурун	køp ubakıt murun
récemment (adv)	жакындан бери	dʒakından beri
destin (m)	тагдыр	tagdır
souvenirs (m pl)	эсте калганы	este kalganı
archives (f pl)	архив	arxiv
pendant ... (prep)	... убагында	... ubagında
longtemps (adv)	узак	uzak
pas longtemps (adv)	узак эмес	uzak emes
tôt (adv)	эрте	erte
tard (adv)	кеч	ketʃ
pour toujours (adv)	түбөлүк	tybølyk
commencer (vt)	баштоо	baʃtoo
reporter (retarder)	жылдыруу	dʒıldıruu
en même temps (adv)	бир учурда	bir utʃurda
en permanence (adv)	үзгүлтүксүз	yzgyltyksyz
constant (bruit, etc.)	үзгүлтүксүз	yzgyltyksyz
temporaire (adj)	убактылуу	ubaktıluu
parfois (adv)	кээдэ	kedee
rarement (adv)	чанда	tʃanda
souvent (adv)	көпчүлүк учурда	køptʃylyk utʃurda

20. Les contraires

| riche (adj) | бай | baj |
| pauvre (adj) | кедей | kedej |

| malade (adj) | оорулуу | ooruluu |
| en bonne santé | дени сак | deni sak |

| grand (adj) | чоң | tʃoŋ |
| petit (adj) | кичине | kitʃine |

| vite (adv) | тез | tez |
| lentement (adv) | жай | dʒaj |

| rapide (adj) | тез | tez |
| lent (adj) | жай | dʒaj |

| joyeux (adj) | шайыр | ʃajır |
| triste (adj) | муңдуу | muŋduu |

| ensemble (adv) | бирге | birge |
| séparément (adv) | өзүнчө | øzyntʃø |

| à haute voix | үн чыгарып | yn tʃıgarıp |
| en silence | үн чыгарбай | yn tʃıgarbaj |

| haut (adj) | бийик | bijik |
| bas (adj) | жапыз | dʒapız |

| profond (adj) | терең | tereŋ |
| peu profond (adj) | тайыз | tajız |

| oui (adv) | ооба | ooba |
| non (adv) | жок | dʒok |

| lointain (adj) | алыс | alıs |
| proche (adj) | жакын | dʒakın |

| loin (adv) | алыс | alıs |
| près (adv) | жакын арада | dʒakın arada |

| long (adj) | узун | uzun |
| court (adj) | кыска | kıska |

| bon (au bon cœur) | кайрымдуу | kajrımduu |
| méchant (adj) | каардуу | kaarduu |

| marié (adj) | аялы бар | ajalı bar |
| célibataire (adj) | бойдок | bojdok |

| interdire (vt) | тыюу салуу | tıjuu saluu |
| permettre (vt) | уруксат берүү | uruksat beryy |

| fin (f) | аягы | ajagı |
| début (m) | башталыш | baʃtalıʃ |

| gauche (adj) | сол | sol |
| droit (adj) | оң | oŋ |

| premier (adj) | биринчи | birintʃi |
| dernier (adj) | акыркы | akırkı |

| crime (m) | кылмыш | kılmıʃ |
| punition (f) | жаза | dʒaza |

| ordonner (vt) | буйрук кылуу | bujruk kıluu |
| obéir (vt) | баш ийүү | baʃ ijyy |

| droit (adj) | түз | tyz |
| courbé (adj) | кыйшак | kıjʃak |

| paradis (m) | бейиш | bejiʃ |
| enfer (m) | тозок | tozok |

| naître (vi) | төрөлүү | tørølyy |
| mourir (vi) | өлүү | ølyy |

| fort (adj) | күчтүү | kytʃtyy |
| faible (adj) | алсыз | alsız |

| vieux (adj) | эски | eski |
| jeune (adj) | жаш | dʒaʃ |

| vieux (adj) | эски | eski |
| neuf (adj) | жаңы | dʒaŋı |

| dur (adj) | катуу | katuu |
| mou (adj) | жумшак | dʒumʃak |

| chaud (tiède) | жылуу | dʒıluu |
| froid (adj) | муздак | muzdak |

| gros (adj) | семиз | semiz |
| maigre (adj) | арык | arık |

| étroit (adj) | тар | tar |
| large (adj) | кең | keŋ |

| bon (adj) | жакшы | dʒakʃı |
| mauvais (adj) | жаман | dʒaman |

| vaillant (adj) | кайраттуу | kajrattuu |
| peureux (adj) | суу жүрөк | suu dʒyrøk |

21. Les lignes et les formes

carré (m)	чарчы	tʃartʃı
carré (adj)	чарчы	tʃartʃı
cercle (m)	тегерек	tegerek
rond (adj)	тегерек	tegerek

triangle (m)	үч бурчтук	ytʃ burtʃtuk
triangulaire (adj)	үч бурчтуу	ytʃ burtʃtuu
ovale (m)	жумуру	dʒumuru
ovale (adj)	жумуру	dʒumuru
rectangle (m)	тик бурчтук	tik burtʃtuk
rectangulaire (adj)	тик бурчтуу	tik burtʃtuu
pyramide (f)	пирамида	piramida
losange (m)	ромб	romb
trapèze (m)	трапеция	trapetsija
cube (m)	куб	kub
prisme (m)	призма	prizma
circonférence (f)	айлана	ajlana
sphère (f)	сфера	sfera
globe (m)	шар	ʃar
diamètre (m)	диаметр	diametr
rayon (m)	радиус	radius
périmètre (m)	периметр	perimetr
centre (m)	борбор	borbor
horizontal (adj)	туурасынан	tuurasınan
vertical (adj)	тикесинен	tikesinen
parallèle (f)	параллель	parallelʲ
parallèle (adj)	параллель	parallelʲ
ligne (f)	сызык	sızık
trait (m)	сызык	sızık
ligne (f) droite	түз сызык	tyz sızık
courbe (f)	кыйшык сызык	kıjʃık sızık
fin (une ~ ligne)	ичке	itʃke
contour (m)	караан	karaan
intersection (f)	кесилиш	kesiliʃ
angle (m) droit	тик бурч	tik burtʃ
segment (m)	сегмент	segment
secteur (m)	сектор	sektor
côté (m)	каптал	kaptal
angle (m)	бурч	burtʃ

22. Les unités de mesure

poids (m)	салмак	salmak
longueur (f)	узундук	uzunduk
largeur (f)	жазылык	dʒazılık
hauteur (f)	бийиктик	bijiktik
profondeur (f)	терендик	terendik
volume (m)	көлөм	køløm
aire (f)	аянт	ajant
gramme (m)	грамм	gramm
milligramme (m)	миллиграмм	milligramm

kilogramme (m)	килограмм	kilogramm
tonne (f)	тонна	tonna
livre (f)	фунт	funt
once (f)	унция	untsija

mètre (m)	метр	metr
millimètre (m)	миллиметр	millimetr
centimètre (m)	сантиметр	santimetr
kilomètre (m)	километр	kilometr
mille (m)	миля	milʲa

pouce (m)	дюйм	dujm
pied (m)	фут	fut
yard (m)	ярд	jard

| mètre (m) carré | квадраттык метр | kvadrattık metr |
| hectare (m) | гектар | gektar |

litre (m)	литр	litr
degré (m)	градус	gradus
volt (m)	вольт	volʲt
ampère (m)	ампер	amper
cheval-vapeur (m)	ат күчү	at kytʃy

quantité (f)	саны	sanı
un peu de ...	... бир аз	... bir az
moitié (f)	жарым	dʒarım
douzaine (f)	он эки даана	on eki daana
pièce (f)	даана	daana

| dimension (f) | чоңдук | tʃoŋduk |
| échelle (f) (de la carte) | өлчөмчен | øltʃømtʃen |

minimal (adj)	минималдуу	minimalduu
le plus petit (adj)	эң кичинекей	eŋ kitʃinekej
moyen (adj)	орточо	ortotʃo
maximal (adj)	максималдуу	maksimalduu
le plus grand (adj)	эң чоң	eŋ tʃoŋ

23. Les récipients

bocal (m) en verre	банка	banka
boîte, canette (f)	банка	banka
seau (m)	чака	tʃaka
tonneau (m)	бочка	botʃka

bassine, cuvette (f)	дагара	dagara
cuve (f)	бак	bak
flasque (f)	фляжка	flʲadʒka
jerrican (m)	канистра	kanistra
citerne (f)	цистерна	tsısterna

| tasse (f), mug (m) | кружка | krudʒka |
| tasse (f) | чөйчөк | tʃøjtʃøk |

soucoupe (f)	табак	tabak
verre (m) (~ d'eau)	ыстакан	ıstakan
verre (m) à vin	бокал	bokal
faitout (m)	мискей	miskej

| bouteille (f) | бөтөлкө | bøtølkø |
| goulot (m) | оозу | oozu |

carafe (f)	графин	grafin
pichet (m)	кумура	kumura
récipient (m)	идиш	idiʃ
pot (m)	карапа	karapa
vase (m)	ваза	vaza

flacon (m)	флакон	flakon
fiole (f)	кичине бөтөлкө	kitʃine bøtølkø
tube (m)	тюбик	tʉbik

sac (m) (grand ~)	кап	kap
sac (m) (~ en plastique)	пакет	paket
paquet (m) (~ de cigarettes)	пачке	patʃke

boîte (f)	куту	kutu
caisse (f)	үкөк	ykøk
panier (m)	себет	sebet

24. Les matériaux

matériau (m)	материал	material
bois (m)	жыгач	dʒɪgatʃ
en bois (adj)	жыгач	dʒɪgatʃ

| verre (m) | айнек | ajnek |
| en verre (adj) | айнек | ajnek |

| pierre (f) | таш | taʃ |
| en pierre (adj) | таш | taʃ |

| plastique (m) | пластик | plastik |
| en plastique (adj) | пластик | plastik |

| caoutchouc (m) | резина | rezina |
| en caoutchouc (adj) | резина | rezina |

| tissu (m) | кездеме | kezdeme |
| en tissu (adj) | кездеме | kezdeme |

| papier (m) | кагаз | kagaz |
| de papier (adj) | кагаз | kagaz |

carton (m)	картон	karton
en carton (adj)	картон	karton
polyéthylène (m)	полиэтилен	polietilen
cellophane (f)	целлофан	tsellofan

linoléum (m)	линолеум	linoleum
contreplaqué (m)	фанера	fanera
porcelaine (f)	фарфор	farfor
de porcelaine (adj)	фарфор	farfor
argile (f)	чопо	tʃopo
de terre cuite (adj)	чопо	tʃopo
céramique (f)	карапа	karapa
en céramique (adj)	карапа	karapa

25. Les métaux

métal (m)	металл	metall
métallique (adj)	металл	metall
alliage (m)	эритме	eritme
or (m)	алтын	altın
en or (adj)	алтын	altın
argent (m)	күмүш	kymyʃ
en argent (adj)	күмүш	kymyʃ
fer (m)	темир	temir
en fer (adj)	темир	temir
acier (m)	болот	bolot
en acier (adj)	болот	bolot
cuivre (m)	жез	dʒez
en cuivre (adj)	жез	dʒez
aluminium (m)	алюминий	alʉminij
en aluminium (adj)	алюминий	alʉminij
bronze (m)	коло	kolo
en bronze (adj)	коло	kolo
laiton (m)	латунь	latunʲ
nickel (m)	никель	nikelʲ
platine (f)	платина	platina
mercure (m)	сымап	sımap
étain (m)	калай	kalaj
plomb (m)	коргошун	korgoʃun
zinc (m)	цинк	tsınk

L'HOMME

L'homme. Le corps humain

26. L'homme. Notions fondamentales

être (m) humain	адам	adam
homme (m)	эркек	erkek
femme (f)	аял	ajal
enfant (m, f)	бала	bala
fille (f)	кыз бала	kız bala
garçon (m)	бала	bala
adolescent (m)	өспүрүм	øspyrym
vieillard (m)	абышка	abıʃka
vieille femme (f)	кемпир	kempir

27. L'anatomie humaine

organisme (m)	организм	organizm
cœur (m)	жүрөк	dʒyrøk
sang (m)	кан	kan
artère (f)	артерия	arterija
veine (f)	вена	vena
cerveau (m)	мээ	mee
nerf (m)	нерв	nerv
nerfs (m pl)	нервдер	nervder
vertèbre (f)	омуртка	omurtka
colonne (f) vertébrale	кыр арка	kır arka
estomac (m)	ашказан	aʃkazan
intestins (m pl)	ичеги-карын	itʃegi-karın
intestin (m)	ичеги	itʃegi
foie (m)	боор	boor
rein (m)	бөйрөк	bøjrøk
os (m)	сөөк	søøk
squelette (f)	скелет	skelet
côte (f)	кабырга	kabırga
crâne (m)	баш сөөгү	baʃ søøgy
muscle (m)	булчуң	bultʃuŋ
biceps (m)	бицепс	bitseps
triceps (m)	трицепс	tritseps
tendon (m)	тарамыш	taramıʃ
articulation (f)	муундар	muundar

poumons (m pl)	өпкө	øpkø
organes (m pl) génitaux	жан жер	dʒan dʒer
peau (f)	тери	teri

28. La tête

tête (f)	баш	baʃ
visage (m)	бет	bet
nez (m)	мурун	murun
bouche (f)	ооз	ooz

œil (m)	көз	køz
les yeux	көздөр	køzdør
pupille (f)	карек	karek
sourcil (m)	каш	kaʃ
cil (m)	кирпик	kirpik
paupière (f)	кабак	kabak

langue (f)	тил	til
dent (f)	тиш	tiʃ
lèvres (f pl)	эриндер	erinder
pommettes (f pl)	бет сөөгү	bet søøgy
gencive (f)	тиш эти	tiʃ eti
palais (m)	таңдай	taŋdaj

narines (f pl)	мурун тешиги	murun teʃigi
menton (m)	ээк	eek
mâchoire (f)	жаак	dʒaak
joue (f)	бет	bet

front (m)	чеке	tʃeke
tempe (f)	чыкый	tʃɪkɪj
oreille (f)	кулак	kulak
nuque (f)	желке	dʒelke
cou (m)	моюн	mojʉn
gorge (f)	тамак	tamak

cheveux (m pl)	чач	tʃatʃ
coiffure (f)	чач жасоо	tʃatʃ dʒasoo
coupe (f)	чач кыркуу	tʃatʃ kɪrkuu
perruque (f)	парик	parik

moustache (f)	мурут	murut
barbe (f)	сакал	sakal
porter (~ la barbe)	мурут коюу	murut kojʉu
tresse (f)	өрүм чач	ørym tʃatʃ
favoris (m pl)	бакенбарда	bakenbarda

roux (adj)	сары	sarı
gris, grisonnant (adj)	ак чачтуу	ak tʃatʃtuu
chauve (adj)	таз	taz
calvitie (f)	кашка	kaʃka
queue (f) de cheval	куйрук	kujruk
frange (f)	көкүл	køkyl

29. Le corps humain

main (f)	беш манжа	beʃ manʤa
bras (m)	кол	kol
doigt (m)	манжа	manʤa
orteil (m)	манжа	manʤa
pouce (m)	бармак	barmak
petit doigt (m)	чыпалак	ʧɪpalak
ongle (m)	тырмак	tɪrmak
poing (m)	муштум	muʃtum
paume (f)	алакан	alakan
poignet (m)	билек	bilek
avant-bras (m)	каруу	karuu
coude (m)	чыканак	ʧɪkanak
épaule (f)	ийин	ijin
jambe (f)	бут	but
pied (m)	таман	taman
genou (m)	тизе	tize
mollet (m)	балтыр	baltɪr
hanche (f)	сан	san
talon (m)	согончок	sogonʧok
corps (m)	дене	dene
ventre (m)	курсак	kursak
poitrine (f)	төш	tøʃ
sein (m)	эмчек	emʧek
côté (m)	каптал	kaptal
dos (m)	арка жон	arka ʤon
reins (région lombaire)	бел	bel
taille (f) (~ de guêpe)	бел	bel
nombril (m)	киндик	kindik
fesses (f pl)	жамбаш	ʤambaʃ
derrière (m)	көчүк	køʧyk
grain (m) de beauté	мең	meŋ
tache (f) de vin	кал	kal
tatouage (m)	татуировка	tatuirovka
cicatrice (f)	тырык	tɪrɪk

Les vêtements & les accessoires

30. Les vêtements d'extérieur

vêtement (m)	кийим	kijim
survêtement (m)	үстүнкү кийим	ystyŋky kijim
vêtement (m) d'hiver	кышкы кийим	kıʃkı kijim
manteau (m)	пальто	palʲto
manteau (m) de fourrure	тон	ton
veste (f) de fourrure	чолок тон	tʃolok ton
manteau (m) de duvet	мамык олпок	mamık olpok
veste (f) (~ en cuir)	күрмө	kyrmø
imperméable (m)	плащ	plaʃtʃ
imperméable (adj)	суу өткүс	suu øtkys

31. Les vêtements

chemise (f)	көйнөк	køjnøk
pantalon (m)	шым	ʃım
jean (m)	джинсы	dʒinsı
veston (m)	бешмант	beʃmant
complet (m)	костюм	kostʉm
robe (f)	көйнөк	køjnøk
jupe (f)	юбка	jʉbka
chemisette (f)	блузка	bluzka
veste (f) en laine	кофта	kofta
jaquette (f), blazer (m)	кыска бешмант	kıska beʃmant
tee-shirt (m)	футболка	futbolka
short (m)	чолок шым	tʃolok ʃım
costume (m) de sport	спорт кийими	sport kijimi
peignoir (m) de bain	халат	χalat
pyjama (m)	пижама	pidʒama
chandail (m)	свитер	sviter
pull-over (m)	пуловер	pulover
gilet (m)	жилет	dʒilet
queue-de-pie (f)	фрак	frak
smoking (m)	смокинг	smoking
uniforme (m)	форма	forma
tenue (f) de travail	жумуш кийим	dʒumuʃ kijim
salopette (f)	комбинезон	kombinezon
blouse (f) (d'un médecin)	халат	χalat

32. Les sous-vêtements

sous-vêtements (m pl)	ич кийим	itʃ kijim
boxer (m)	эркектер чолок дамбалы	erkekter tʃolok dambalı
slip (m) de femme	аялдар трусиги	ajaldar trusigi
maillot (m) de corps	майка	majka
chaussettes (f pl)	байпак	bajpak
chemise (f) de nuit	жатаарда кийүүчү көйнөк	dʒataarda kijyytʃy køjnøk
soutien-gorge (m)	бюстгальтер	bʉstgalʲter
chaussettes (f pl) hautes	гольфы	golʲfı
collants (m pl)	колготки	kolgotki
bas (m pl)	байпак	bajpak
maillot (m) de bain	купальник	kupalʲnik

33. Les chapeaux

chapeau (m)	топу	topu
chapeau (m) feutre	шляпа	ʃlʲapa
casquette (f) de base-ball	бейсболка	bejsbolka
casquette (f)	кепка	kepka
béret (m)	берет	beret
capuche (f)	капюшон	kapʉʃon
panama (m)	панамка	panamka
bonnet (m) de laine	токулган шапка	tokulgan ʃapka
foulard (m)	жоолук	dʒooluk
chapeau (m) de femme	шляпа	ʃlʲapa
casque (m) (d'ouvriers)	каска	kaska
calot (m)	пилотка	pilotka
casque (m) (~ de moto)	шлем	ʃlem
melon (m)	котелок	kotelok
haut-de-forme (m)	цилиндр	tsılindr

34. Les chaussures

chaussures (f pl)	бут кийим	but kijim
bottines (f pl)	ботинка	botinka
souliers (m pl) (~ plats)	туфли	tufli
bottes (f pl)	өтүк	øtyk
chaussons (m pl)	тапочка	tapotʃka
tennis (m pl)	кроссовка	krossovka
baskets (f pl)	кеды	kedı
sandales (f pl)	сандалии	sandalii
cordonnier (m)	өтүкчү	øtyktʃy
talon (m)	така	taka

paire (f)	түгөй	tygøj
lacet (m)	боо	boo
lacer (vt)	боолоо	booloo
chausse-pied (m)	кашык	kaʃık
cirage (m)	өтүк май	øtyk maj

35. Le textile. Les tissus

coton (m)	пахта	paχta
de coton (adj)	пахтадан	paχtadan
lin (m)	зыгыр	zıgır
de lin (adj)	зыгырдан	zıgırdan

soie (f)	жибек	dʒibek
de soie (adj)	жибек	dʒibek
laine (f)	жүн	dʒyn
en laine (adj)	жүндөн	dʒyndøn

velours (m)	баркыт	barkıt
chamois (m)	күдөрү	kydøry
velours (m) côtelé	чий баркыт	tʃij barkıt

nylon (m)	нейлон	nejlon
en nylon (adj)	нейлон	nejlon
polyester (m)	полиэстер	poliester
en polyester (adj)	полиэстер	poliester

cuir (m)	булгаары	bulgaarı
en cuir (adj)	булгаары	bulgaarı
fourrure (f)	тери	teri
en fourrure (adj)	тери	teri

36. Les accessoires personnels

gants (m pl)	колкап	kolkap
moufles (f pl)	мээлей	meelej
écharpe (f)	моюн орогуч	mojʉn orogutʃ

lunettes (f pl)	көз айнек	køz ajnek
monture (f)	алкак	alkak
parapluie (m)	чатырча	tʃatırtʃa
canne (f)	аса таяк	asa tajak
brosse (f) à cheveux	тарак	tarak
éventail (m)	желпингич	dʒelpingitʃ

cravate (f)	галстук	galstuk
nœud papillon (m)	галстук-бабочка	galstuk-babotʃka
bretelles (f pl)	шым тарткыч	ʃım tartkıtʃ
mouchoir (m)	бетаарчы	betaartʃı

| peigne (m) | тарак | tarak |
| barrette (f) | чачсайгы | tʃatʃsajgı |

| épingle (f) à cheveux | шпилька | ʃpilʲka |
| boucle (f) | таралга | taralga |

| ceinture (f) | кайыш кур | kajıʃ kur |
| bandoulière (f) | илгич | ilgitʃ |

sac (m)	колбаштык	kolbaʃtık
sac (m) à main	кичине колбаштык	kitʃine kolbaʃtık
sac (m) à dos	жонбаштык	dʒonbaʃtık

37. Les vêtements. Divers

mode (f)	мода	moda
à la mode (adj)	саркеч	sarketʃ
couturier, créateur de mode	модельер	modeljer

col (m)	жака	dʒaka
poche (f)	чөнтөк	tʃøntøk
de poche (adj)	чөнтөк	tʃøntøk
manche (f)	жең	dʒeŋ
bride (f)	илгич	ilgitʃ
braguette (f)	ширинка	ʃirinka

fermeture (f) à glissière	молния	molnija
agrafe (f)	топчулук	toptʃuluk
bouton (m)	топчу	toptʃu
boutonnière (f)	илмек	ilmek
s'arracher (bouton)	үзүлүү	yzylyy

coudre (vi, vt)	тигүү	tigyy
broder (vt)	сайма саюу	sajma sajɯu
broderie (f)	сайма	sajma
aiguille (f)	ийне	ijne
fil (m)	жип	dʒip
couture (f)	тигиш	tigiʃ

se salir (vp)	булгап алуу	bulgap aluu
tache (f)	так	tak
se froisser (vp)	бырышып калуу	bırıʃıp kaluu
déchirer (vt)	айрылуу	ajrıluu
mite (f)	күбө	kybø

38. L'hygiène corporelle. Les cosmétiques

dentifrice (m)	тиш пастасы	tiʃ pastası
brosse (f) à dents	тиш щёткасы	tiʃ ʃtʃotkası
se brosser les dents	тиш жуу	tiʃ dʒuu

rasoir (m)	устара	ustara
crème (f) à raser	кырынуу үчүн көбүк	kırınuu ytʃyn købyk
se raser (vp)	кырынуу	kırınuu
savon (m)	самын	samın

shampooing (m)	шампунь	ʃampunʲ
ciseaux (m pl)	кайчы	kajtʃı
lime (f) à ongles	тырмак өгөө	tırmak øgøø
pinces (f pl) à ongles	тырмак кычкачы	tırmak kıtʃkatʃı
pince (f) à épiler	искек	iskek
produits (m pl) de beauté	упа-эндик	upa-endik
masque (m) de beauté	маска	maska
manucure (f)	маникюр	manikʉr
se faire les ongles	маникюр жасоо	manikdʒʉr dʒasoo
pédicurie (f)	педикюр	pedikʉr
trousse (f) de toilette	косметичка	kosmetitʃka
poudre (f)	упа	upa
poudrier (m)	упа кутусу	upa kutusu
fard (m) à joues	эндик	endik
parfum (m)	атыр	atır
eau (f) de toilette	туалет атыр суусу	tualet atır suusu
lotion (f)	лосьон	losʲon
eau de Cologne (f)	одеколон	odekolon
fard (m) à paupières	көз боёгу	køz bojogu
crayon (m) à paupières	көз карандашы	køz karandaʃı
mascara (m)	кирпик үчүн боек	kirpik ytʃyn boek
rouge (m) à lèvres	эрин помадасы	erin pomadası
vernis (m) à ongles	тырмак үчүн лак	tırmak ytʃyn lak
laque (f) pour les cheveux	чач үчүн лак	tʃatʃ ytʃyn lak
déodorant (m)	дезодорант	dezodorant
crème (f)	крем	krem
crème (f) pour le visage	бетмай	betmaj
crème (f) pour les mains	кол үчүн май	kol ytʃyn maj
crème (f) anti-rides	бырыштарга каршы бет май	bırıʃtarga karʃı bet maj
crème (f) de jour	күндүзгү бет май	kyndyzgy bet maj
crème (f) de nuit	түнкү бет май	tynky bet maj
de jour (adj)	күндүзгү	kyndyzgy
de nuit (adj)	түнкү	tynky
tampon (m)	тампон	tampon
papier (m) de toilette	даарат кагазы	daarat kagazı
sèche-cheveux (m)	фен	fen

39. Les bijoux. La bijouterie

bijoux (m pl)	зер буюмдар	zer bujʉmdar
précieux (adj)	баалуу	baaluu
poinçon (m)	проба	proba
bague (f)	шакек	ʃakek
alliance (f)	нике шакеги	nike ʃakegi
bracelet (m)	билерик	bilerik

boucles (f pl) d'oreille	сөйкө	søjkø
collier (m) (de perles)	шуру	ʃuru
couronne (f)	таажы	taadʒɪ
collier (m) (en verre, etc.)	мончок	montʃok

diamant (m)	бриллиант	brilliant
émeraude (f)	зымырыт	zɪmɪrɪt
rubis (m)	лаал	laal
saphir (m)	сапфир	sapfir
perle (f)	бермет	bermet
ambre (m)	янтарь	jantarʲ

40. Les montres. Les horloges

montre (f)	кол саат	kol saat
cadran (m)	циферблат	tsɪferblat
aiguille (f)	жебе	dʒebe
bracelet (m)	браслет	braslet
bracelet (m) (en cuir)	кайыш кур	kajɪʃ kur

pile (f)	батарейка	batarejka
être déchargé	зарядканын түгөнүүсү	zarʲadkanın tygønyysy
changer de pile	батарейка алмаштыруу	batarejka almaʃtıruu
avancer (vi)	алдыга кетүү	aldıga ketyy
retarder (vi)	калуу	kaluu

pendule (f)	дубалга тагуучу саат	dubalga taguutʃu saat
sablier (m)	кум саат	kum saat
cadran (m) solaire	күн саат	kyn saat
réveil (m)	ойготкуч саат	ojgotkutʃ saat
horloger (m)	саат устасы	saat ustası
réparer (vt)	оңдоо	oŋdoo

Les aliments. L'alimentation

41. Les aliments

viande (f)	эт	et
poulet (m)	тоок	took
poulet (m) (poussin)	балапан	balapan
canard (m)	өрдөк	ørdøk
oie (f)	каз	kaz
gibier (m)	илбээсин	ilbeesin
dinde (f)	күрп	kyrp
du porc	чочко эти	tʃotʃko eti
du veau	торпок эти	torpok eti
du mouton	кой эти	koj eti
du bœuf	уй эти	uj eti
lapin (m)	коен	koen
saucisson (m)	колбаса	kolbasa
saucisse (f)	сосиска	sosiska
bacon (m)	бекон	bekon
jambon (m)	ветчина	vettʃina
cuisse (f)	сан эт	san et
pâté (m)	паштет	paʃtet
foie (m)	боор	boor
farce (f)	фарш	farʃ
langue (f)	тил	til
œuf (m)	жумуртка	dʒumurtka
les œufs	жумурткалар	dʒumurtkalar
blanc (m) d'œuf	жумурthe канын агы	dʒumurtkanın agı
jaune (m) d'œuf	жумурthe канын сарысы	dʒumurtkanın sarısı
poisson (m)	балык	balık
fruits (m pl) de mer	деңиз азыктары	deŋiz azıktarı
crustacés (m pl)	рак сыяктуулар	rak sıjaktuular
caviar (m)	урук	uruk
crabe (m)	краб	krab
crevette (f)	креветка	krevetka
huître (f)	устрица	ustritsa
langoustine (f)	лангуст	langust
poulpe (m)	сегиз бут	segiz but
calamar (m)	кальмар	kalʲmar
esturgeon (m)	осетрина	osetrina
saumon (m)	лосось	lososʲ
flétan (m)	палтус	paltus
morue (f)	треска	treska

maquereau (m)	скумбрия	skumbrija
thon (m)	тунец	tunets
anguille (f)	угорь	ugorʲ
truite (f)	форель	forelʲ
sardine (f)	сардина	sardina
brochet (m)	чортон	tʃorton
hareng (m)	сельдь	selʲdʲ
pain (m)	нан	nan
fromage (m)	сыр	sɯr
sucre (m)	кум шекер	kum-ʃeker
sel (m)	туз	tuz
riz (m)	күрүч	kyrytʃ
pâtes (m pl)	макарон	makaron
nouilles (f pl)	кесме	kesme
beurre (m)	ак май	ak maj
huile (f) végétale	өсүмдүк майы	øsymdyk majɯ
huile (f) de tournesol	күн карама майы	kyn karama majɯ
margarine (f)	маргарин	margarin
olives (f pl)	зайтун	zajtun
huile (f) d'olive	зайтун майы	zajtun majɯ
lait (m)	сүт	syt
lait (m) condensé	коютулган сүт	kojɯtulgan syt
yogourt (m)	йогурт	jogurt
crème (f) aigre	сметана	smetana
crème (f) (de lait)	каймак	kajmak
sauce (f) mayonnaise	майонез	majonez
crème (f) au beurre	крем	krem
gruau (m)	акшак	akʃak
farine (f)	ун	un
conserves (f pl)	консерва	konserva
pétales (m pl) de maïs	жарылган жүгөрү	dʒarɯlgan dʒygøry
miel (m)	бал	bal
confiture (f)	джем, конфитюр	dʒem, konfitɯr
gomme (f) à mâcher	сагыз	sagɯz

42. Les boissons

eau (f)	суу	suu
eau (f) potable	ичүүчү суу	itʃyytʃy suu
eau (f) minérale	минерал суусу	mineral suusu
plate (adj)	газсыз	gazsɯz
gazeuse (l'eau ~)	газдалган	gazdalgan
pétillante (adj)	газы менен	gazɯ menen
glace (f)	муз	muz

avec de la glace	музу менен	muzu menen
sans alcool	алкоголсуз	alkogolsuz
boisson (f) non alcoolisée	алкоголсуз ичимдик	alkogolsuz itʃimdik
rafraîchissement (m)	суусундук	suusunduk
limonade (f)	лимонад	limonad
boissons (f pl) alcoolisées	спирт ичимдиктери	spirt itʃimdikteri
vin (m)	шарап	ʃarap
vin (m) blanc	ак шарап	ak ʃarap
vin (m) rouge	кызыл шарап	kɪzɪl ʃarap
liqueur (f)	ликёр	likʲor
champagne (m)	шампан	ʃampan
vermouth (m)	вермут	vermut
whisky (m)	виски	viski
vodka (f)	арак	arak
gin (m)	джин	ʤin
cognac (m)	коньяк	konjak
rhum (m)	ром	rom
café (m)	кофе	kofe
café (m) noir	кара кофе	kara kofe
café (m) au lait	сүттөлгөн кофе	syttølgøn kofe
cappuccino (m)	капучино	kaputʃino
café (m) soluble	эрүүчү кофе	eryytʃy kofe
lait (m)	сүт	syt
cocktail (m)	коктейль	koktejlʲ
cocktail (m) au lait	сүт коктейли	syt koktejli
jus (m)	шире	ʃire
jus (m) de tomate	томат ширеси	tomat ʃiresi
jus (m) d'orange	апельсин ширеси	apelʲsin ʃiresi
jus (m) pressé	түз сыгылып алынган шире	tyz sɪgɪlɪp alɪngan ʃire
bière (f)	сыра	sɪra
bière (f) blonde	ачык сыра	atʃɪk sɪra
bière (f) brune	коңур сыра	koŋur sɪra
thé (m)	чай	tʃaj
thé (m) noir	кара чай	kara tʃaj
thé (m) vert	жашыл чай	ʤaʃɪl tʃaj

43. Les légumes

légumes (m pl)	жашылча	ʤaʃɪltʃa
verdure (f)	көк чөп	køk tʃøp
tomate (f)	помидор	pomidor
concombre (m)	бадыраң	badɪraŋ
carotte (f)	сабиз	sabiz
pomme (f) de terre	картошка	kartoʃka

oignon (m)	пияз	pijaz
ail (m)	сарымсак	sarımsak
chou (m)	капуста	kapusta
chou-fleur (m)	гүлдүү капуста	gyldyy kapusta
chou (m) de Bruxelles	брюссель капустасы	brʉssel kapustası
brocoli (m)	брокколи капустасы	brokkoli kapustası
betterave (f)	кызылча	kızıltʃa
aubergine (f)	баклажан	baklaʤan
courgette (f)	кабачок	kabatʃok
potiron (m)	ашкабак	aʃkabak
navet (m)	шалгам	ʃalgam
persil (m)	петрушка	petruʃka
fenouil (m)	укроп	ukrop
laitue (f) (salade)	салат	salat
céleri (m)	сельдерей	selˑderej
asperge (f)	спаржа	sparʤa
épinard (m)	шпинат	ʃpinat
pois (m)	нокот	nokot
fèves (f pl)	буурчак	buurtʃak
maïs (m)	жүгөрү	ʤygøry
haricot (m)	төө буурчак	tøø buurtʃak
poivron (m)	таттуу перец	tattuu perets
radis (m)	шалгам	ʃalgam
artichaut (m)	артишок	artiʃok

44. Les fruits. Les noix

fruit (m)	мөмө	mømø
pomme (f)	алма	alma
poire (f)	алмурут	almurut
citron (m)	лимон	limon
orange (f)	апельсин	apelˑsin
fraise (f)	кулпунай	kulpunaj
mandarine (f)	мандарин	mandarin
prune (f)	кара өрүк	kara øryk
pêche (f)	шабдаалы	ʃabdaalı
abricot (m)	өрүк	øryk
framboise (f)	дан куурай	dan kuuraj
ananas (m)	ананас	ananas
banane (f)	банан	banan
pastèque (f)	арбуз	arbuz
raisin (m)	жүзүм	ʤyzym
cerise (f)	алча	altʃa
merise (f)	гилас	gilas
melon (m)	коон	koon
pamplemousse (m)	грейпфрут	grejpfrut
avocat (m)	авокадо	avokado

papaye (f)	папайя	papaja
mangue (f)	манго	mango
grenade (f)	анар	anar

groseille (f) rouge	кызыл карагат	kızıl karagat
cassis (m)	кара карагат	kara karagat
groseille (f) verte	крыжовник	krıdʒovnik
myrtille (f)	кара моюл	kara mojʉl
mûre (f)	кара бүлдүркөн	kara byldyrkøn

raisin (m) sec	мейиз	mejiz
figue (f)	анжир	andʒir
datte (f)	курма	kurma

cacahuète (f)	арахис	araχis
amande (f)	бадам	badam
noix (f)	жаңгак	dʒaŋgak
noisette (f)	токой жаңгагы	tokoj dʒaŋgagı
noix (f) de coco	кокос жаңгагы	kokos dʒaŋgagı
pistaches (f pl)	мисте	miste

45. Le pain. Les confiseries

confiserie (f)	кондитер азыктары	konditer azıktarı
pain (m)	нан	nan
biscuit (m)	печенье	petʃenje

chocolat (m)	шоколад	ʃokolad
en chocolat (adj)	шоколаддан	ʃokoladdan
bonbon (m)	конфета	konfeta
gâteau (m), pâtisserie (f)	пирожное	pirodʒnoe
tarte (f)	торт	tort

gâteau (m)	пирог	pirog
garniture (f)	начинка	natʃinka

confiture (f)	кыям	kıjam
marmelade (f)	мармелад	marmelad
gaufre (f)	вафли	vafli
glace (f)	бал муздак	bal muzdak
pudding (m)	пудинг	puding

46. Les plats cuisinés

plat (m)	тамак	tamak
cuisine (f)	даам	daam
recette (f)	тамак жасоо ыкмасы	tamak dʒasoo ıkması
portion (f)	порция	portsija

salade (f)	салат	salat
soupe (f)	сорпо	sorpo
bouillon (m)	ынак сорпо	ınak sorpo

sandwich (m)	бутерброд	buterbrod
les œufs brouillés	куурулган жумуртка	kuurulgan dʒumurtka
hamburger (m)	гамбургер	gamburger
steak (m)	бифштекс	bifʃteks
garniture (f)	гарнир	garnir
spaghettis (m pl)	спагетти	spagetti
purée (f)	эзилген картошка	ezilgen kartoʃka
pizza (f)	пицца	pitsa
bouillie (f)	ботко	botko
omelette (f)	омлет	omlet
cuit à l'eau (adj)	сууга бышырылган	suuga bɯʃɯrɯlgan
fumé (adj)	ышталган	ɯʃtalgan
frit (adj)	куурулган	kuurulgan
sec (adj)	кургатылган	kurgatɯlgan
congelé (adj)	тоңдурулган	toŋdurulgan
mariné (adj)	маринаддагы	marinaddagɯ
sucré (adj)	таттуу	tattuu
salé (adj)	туздуу	tuzduu
froid (adj)	муздак	muzdak
chaud (adj)	ысык	ɯsɯk
amer (adj)	ачуу	atʃuu
bon (savoureux)	даамдуу	daamduu
cuire à l'eau	кайнатуу	kajnatuu
préparer (le dîner)	тамак бышыруу	tamak bɯʃɯruu
faire frire	кууруу	kuuruu
réchauffer (vt)	жылытуу	dʒɯlɯtuu
saler (vt)	туздоо	tuzdoo
poivrer (vt)	калемпир кошуу	kalempir koʃuu
râper (vt)	сүргүлөө	syrgyløø
peau (f)	сырты	sɯrtɯ
éplucher (vt)	тазалоо	tazaloo

47. Les épices

sel (m)	туз	tuz
salé (adj)	туздуу	tuzduu
saler (vt)	туздоо	tuzdoo
poivre (m) noir	кара мурч	kara murtʃ
poivre (m) rouge	кызыл калемпир	kɯzɯl kalempir
moutarde (f)	горчица	gortʃitsa
raifort (m)	хрен	χren
condiment (m)	татымал	tatɯmal
épice (f)	татымал	tatɯmal
sauce (f)	соус	sous
vinaigre (m)	уксус	uksus
anis (m)	анис	anis

basilic (m)	райхон	rajχon
clou (m) de girofle	гвоздика	gvozdika
gingembre (m)	имбирь	imbirʲ
coriandre (m)	кориандр	koriandr
cannelle (f)	корица	koritsa

sésame (m)	кунжут	kundʒut
feuille (f) de laurier	лавр жалбырагы	lavr dʒalbıragı
paprika (m)	паприка	paprika
cumin (m)	зира	zira
safran (m)	заапаран	zaaparan

48. Les repas

| nourriture (f) | тамак | tamak |
| manger (vi, vt) | тамактануу | tamaktanuu |

petit déjeuner (m)	таңкы тамак	taŋkı tamak
prendre le petit déjeuner	эртең менен тамактануу	erteŋ menen tamaktanuu
déjeuner (m)	түшкү тамак	tyʃky tamak
déjeuner (vi)	түштөнүү	tyʃtønyy
dîner (m)	кечки тамак	ketʃki tamak
dîner (vi)	кечки тамакты ичүү	ketʃki tamaktı itʃyy

| appétit (m) | табит | tabit |
| Bon appétit! | Тамагыңыз таттуу болсун! | tamagıŋız tattuu bolsun! |

ouvrir (vt)	ачуу	atʃuu
renverser (liquide)	төгүп алуу	tøgyp aluu
se renverser (liquide)	төгүлүү	tøgylyy
bouillir (vi)	кайноо	kajnoo
faire bouillir	кайнатуу	kajnatuu
bouilli (l'eau ~e)	кайнатылган	kajnatılgan
refroidir (vt)	суутуу	suutuu
se refroidir (vp)	сууп туруу	suup turuu

| goût (m) | даам | daam |
| arrière-goût (m) | даамдануу | daamdanuu |

suivre un régime	арыктоо	arıktoo
régime (m)	мүнөз тамак	mynøz tamak
vitamine (f)	витамин	vitamin
calorie (f)	калория	kalorija
végétarien (m)	эттен чанган	etten tʃangan
végétarien (adj)	этсиз даярдалган	etsiz dajardalgan

lipides (m pl)	майлар	majlar
protéines (f pl)	белоктор	beloktor
glucides (m pl)	көмүрсуулар	kømyrsuular

tranche (f)	кесим	kesim
morceau (m)	бөлүк	bølyk
miette (f)	күкүм	kykym

49. Le dressage de la table

cuillère (f)	кашык	kaʃık
couteau (m)	бычак	bıtʃak
fourchette (f)	вилка	vilka
tasse (f)	чөйчөк	tʃøjtʃøk
assiette (f)	табак	tabak
soucoupe (f)	табак	tabak
serviette (f)	майлык	majlık
cure-dent (m)	тиш чукугуч	tiʃ tʃukugutʃ

50. Le restaurant

restaurant (m)	ресторан	restoran
salon (m) de café	кофекана	kofekana
bar (m)	бар	bar
salon (m) de thé	чай салону	tʃaj salonu
serveur (m)	официант	ofitsiant
serveuse (f)	официант кыз	ofitsiant kız
barman (m)	бармен	barmen
carte (f)	меню	menʉ
carte (f) des vins	шарап картасы	ʃarap kartası
réserver une table	столду камдык буйрутмалоо	stoldu kamdık bujrutmaloo
plat (m)	тамак	tamak
commander (vt)	буйрутма кылуу	bujrutma kıluu
faire la commande	буйрутма берүү	bujrutma beryy
apéritif (m)	аперитив	aperitiv
hors-d'œuvre (m)	ысылык	ısılık
dessert (m)	десерт	desert
addition (f)	эсеп	esep
régler l'addition	эсеп төлөө	esep tøløø
rendre la monnaie	майда акчаны кайтаруу	majda aktʃanı kajtaruu
pourboire (m)	чайпул	tʃajpul

La famille. Les parents. Les amis

51. Les données personnelles. Les formulaires

prénom (m)	аты	atı
nom (m) de famille	фамилиясы	familijası
date (f) de naissance	төрөлгөн күнү	tørølgøn kyny
lieu (m) de naissance	туулган жери	tuulgan dʒeri
nationalité (f)	улуту	ulutu
domicile (m)	жашаган жери	dʒaʃagan dʒeri
pays (m)	өлкө	ølkø
profession (f)	кесиби	kesibi
sexe (m)	жынысы	dʒınısı
taille (f)	бою	bojʉ
poids (m)	салмак	salmak

52. La famille. Les liens de parenté

mère (f)	эне	ene
père (m)	ата	ata
fils (m)	уул	uul
fille (f)	кыз	kız
fille (f) cadette	кичүү кыз	kitʃyy kız
fils (m) cadet	кичүү уул	kitʃyy uul
fille (f) aînée	улуу кыз	uluu kız
fils (m) aîné	улуу уул	uluu uul
frère (m)	бир тууган	bir tuugan
frère (m) aîné	байке	bajke
frère (m) cadet	ини	ini
sœur (f)	бир тууган	bir tuugan
sœur (f) aînée	эже	edʒe
sœur (f) cadette	синди	siŋdi
cousin (m)	атасы же энеси	atası dʒe enesi
	бир тууган	bir tuugan
cousine (f)	атасы же энеси	atası dʒe enesi
	бир тууган	bir tuugan
maman (f)	апа	apa
papa (m)	ата	ata
parents (m pl)	ата-эне	ata-ene
enfant (m, f)	бала	bala
enfants (pl)	балдар	baldar
grand-mère (f)	чоң апа	tʃoŋ apa

grand-père (m)	чоң ата	ʧoŋ ata
petit-fils (m)	небере бала	nebere bala
petite-fille (f)	небере кыз	nebere kız
petits-enfants (pl)	неберелер	nebereler

oncle (m)	таяке	tajake
tante (f)	таяже	tajadʒe
neveu (m)	ини	ini
nièce (f)	жээн	dʒeen

belle-mère (f)	кайын эне	kajın ene
beau-père (m)	кайын ата	kajın ata
gendre (m)	күйөө бала	kyjøø bala
belle-mère (f)	өгөй эне	øgøj ene
beau-père (m)	өгөй ата	øgøj ata

nourrisson (m)	эмчектеги бала	emʧektegi bala
bébé (m)	ымыркай	ımırkaj
petit (m)	бөбөк	bøbøk

femme (f)	аял	ajal
mari (m)	эр	er
époux (m)	күйөө	kyjøø
épouse (f)	зайып	zajıp

marié (adj)	аялы бар	ajalı bar
mariée (adj)	күйөөдө	kyjøødø
célibataire (adj)	бойдок	bojdok
célibataire (m)	бойдок	bojdok
divorcé (adj)	ажырашкан	adʒıraʃkan
veuve (f)	жесир	dʒesir
veuf (m)	жесир	dʒesir

parent (m)	тууган	tuugan
parent (m) proche	жакын тууган	dʒakın tuugan
parent (m) éloigné	алыс тууган	alıs tuugan
parents (m pl)	бир тууган	bir tuugan

orphelin (m), orpheline (f)	жетим	dʒetim
tuteur (m)	камкорчу	kamkorʧu
adopter (un garçon)	уул кылып асырап алуу	uul kılıp asırap aluu
adopter (une fille)	кыз кылып асырап алуу	kız kılıp asırap aluu

53. Les amis. Les collègues

ami (m)	дос	dos
amie (f)	курбу	kurbu
amitié (f)	достук	dostuk
être ami	достошуу	dostoʃuu

copain (m)	шерик	ʃerik
copine (f)	шерик кыз	ʃerik kız
partenaire (m)	өнөктөш	ønøktøʃ
chef (m)	башчы	baʃʧı

supérieur (m)	башчы	baʃtʃı
propriétaire (m)	кожоюн	kodʒodʒʉn
subordonné (m)	кол астындагы	kol astındagı
collègue (m, f)	кесиптеш	kesipteʃ

connaissance (f)	тааныш	taanıʃ
compagnon (m) de route	жолдош	dʒoldoʃ
copain (m) de classe	классташ	klasstaʃ

voisin (m)	кошуна	koʃuna
voisine (f)	кошуна	koʃuna
voisins (m pl)	кошуналар	koʃunalar

54. L'homme. La femme

femme (f)	аял	ajal
jeune fille (f)	кыз	kız
fiancée (f)	колукту	koluktu

belle (adj)	сулуу	suluu
de grande taille	бою узун	bojʉ uzun
svelte (adj)	сымбаттуу	sımbattuu
de petite taille	орто бойлуу	orto bojluu

| blonde (f) | ак саргыл чачтуу | ak sargıl tʃatʃtuu |
| brune (f) | кара чачтуу | kara tʃatʃtuu |

de femme (adj)	аялдардын	ajaldardın
vierge (f)	эркек көрө элек кыз	erkek kørø elek kız
enceinte (adj)	кош бойлуу	koʃ bojluu

homme (m)	эркек	erkek
blond (m)	ак саргыл чачтуу	ak sargıl tʃatʃtuu
brun (m)	кара чачтуу	kara tʃatʃtuu
de grande taille	бийик бойлуу	bijik bojluu
de petite taille	орто бойлуу	orto bojluu

rude (adj)	орой	oroj
trapu (adj)	жапалдаш бой	dʒapaldaʃ boj
robuste (adj)	чымыр	tʃımır
fort (adj)	күчтүү	kytʃtyy
force (f)	күч	kytʃ

gros (adj)	толук	toluk
basané (adj)	кара тору	kara toru
svelte (adj)	сымбаттуу	sımbattuu
élégant (adj)	жарашып кийинген	dʒaraʃıp kijingen

55. L'age

| âge (m) | жаш | dʒaʃ |
| jeunesse (f) | жаштык | dʒaʃtık |

jeune (adj)	жаш	dʒaʃ
plus jeune (adj)	кичүү	kitʃyy
plus âgé (adj)	улуу	uluu
jeune homme (m)	улан	ulan
adolescent (m)	өспүрүм	øspyrym
gars (m)	жигит	dʒigit
vieillard (m)	абышка	abɪʃka
vieille femme (f)	кемпир	kempir
adulte (m)	чоң киши	tʃoŋ kiʃi
d'âge moyen (adj)	орто жаш	orto dʒaʃ
âgé (adj)	жашап калган	dʒaʃap kalgan
vieux (adj)	картаң	kartaŋ
retraite (f)	бааракы	baarakɪ
prendre sa retraite	ардактуу эс алууга чыгуу	ardaktuu es aluuga tʃɪguu
retraité (m)	бааргер	baarger

56. Les enfants. Les adolescents

enfant (m, f)	бала	bala
enfants (pl)	балдар	baldar
jumeaux (m pl)	эгиздер	egizder
berceau (m)	бешик	beʃik
hochet (m)	шырылдак	ʃɪrɪldak
couche (f)	жалаяк	dʒalajak
tétine (f)	упчу	uptʃu
poussette (m)	бешик араба	beʃik araba
école (f) maternelle	бала бакча	bala baktʃa
baby-sitter (m, f)	бала баккыч	bala bakkɪtʃ
enfance (f)	балалык	balalɪk
poupée (f)	куурчак	kuurtʃak
jouet (m)	оюнчук	ojʉntʃuk
jeu (m) de construction	конструктор	konstruktor
bien élevé (adj)	тарбия көргөн	tarbija kørgøn
mal élevé (adj)	жетесиз	dʒetesiz
gâté (adj)	эрке	erke
faire le vilain	тентектик кылуу	tentektik kɪluu
vilain (adj)	тентек	tentek
espièglerie (f)	шоктук, тентектик	ʃoktuk, tentektik
vilain (m)	тентек	tentek
obéissant (adj)	элпек	elpek
désobéissant (adj)	тил албас	til albas
sage (adj)	зээндүү	zeendyy
intelligent (adj)	акылдуу	akɪlduu
l'enfant prodige	вундеркинд	vunderkind

57. Les couples mariés. La vie de famille

embrasser (sur les lèvres)	өбүү	øbyy
s'embrasser (vp)	өбүшүү	øbyʃyy
famille (f)	үй-бүлө	yj-bylø
familial (adj)	үй-бүлөлүү	yj-bylølyy
couple (m)	эрди-катын	erdi-katın
mariage (m) (~ civil)	нике	nike
foyer (m) familial	үй очогу	yj otʃogu
dynastie (f)	династия	dinastija
rendez-vous (m)	жолугушуу	dʒoluguʃuu
baiser (m)	өбүү	øbyy
amour (m)	сүйүү	syjyy
aimer (qn)	сүйүү	syjyy
aimé (adj)	жакшы көргөн	dʒakʃı kørgøn
tendresse (f)	назиктик	naziktik
tendre (affectueux)	назик	nazik
fidélité (f)	берилгендик	berilgendik
fidèle (adj)	ишенимдүү	iʃenimdyy
soin (m) (~ de qn)	кам көрүү	kam køryy
attentionné (adj)	камкор	kamkor
jeunes mariés (pl)	жаңы үйлөнүшкөндөр	dʒaŋı yjlønyʃkøndør
lune (f) de miel	таттуулашуу	tattuulaʃuu
se marier (prendre pour époux)	күйөөгө чыгуу	kyjøøgø tʃıguu
se marier (prendre pour épouse)	аял алуу	ajal aluu
mariage (m)	үйлөнүү той	yjlønyy toy
les noces d'or	алтын үлпөт той	altın ylpøt toj
anniversaire (m)	жылдык	dʒıldık
amant (m)	ойнош	ojnoʃ
maîtresse (f)	ойнош	ojnoʃ
adultère (m)	көзгө чөп салуу	køzgø tʃøp saluu
commettre l'adultère	көзгө чөп салуу	køzgø tʃøp saluu
jaloux (adj)	кызгануу	kızganuu
être jaloux	кызгануу	kızganuu
divorce (m)	ажырашуу	adʒıraʃuu
divorcer (vi)	ажырашуу	adʒıraʃuu
se disputer (vp)	урушуу	uruʃuu
se réconcilier (vp)	жарашуу	dʒaraʃuu
ensemble (adv)	бирге	birge
sexe (m)	жыныстык катнаш	dʒınıstık katnaʃ
bonheur (m)	бакыт	bakıt
heureux (adj)	бактылуу	baktıluu
malheur (m)	кырсык	kırsık
malheureux (adj)	бактысыз	baktısız

Le caractère. Les émotions

58. Les sentiments. Les émotions

sentiment (m)	сезим	sezim
sentiments (m pl)	сезим	sezim
sentir (vt)	сезүү	sezyy
faim (f)	ачка болуу	atʃka boluu
avoir faim	ачка болуу	atʃka boluu
soif (f)	чаңкоо	tʃaŋkoo
avoir soif	суусап калуу	suusap kaluu
somnolence (f)	уйкусу келүү	ujkusu kelyy
avoir sommeil	уйкусу келүү	ujkusu kelyy
fatigue (f)	чарчоо	tʃartʃoo
fatigué (adj)	чарчаңкы	tʃartʃaŋkı
être fatigué	чарчоо	tʃartʃoo
humeur (f) (de bonne ~)	көңүл	køŋyl
ennui (m)	зеригүү	zerigyy
s'ennuyer (vp)	зеригүү	zerigyy
solitude (f)	элден качуу	elden katʃuu
s'isoler (vp)	элден качуу	elden katʃuu
inquiéter (vt)	көңүлүн бөлүү	køŋylyn bølyy
s'inquiéter (vp)	сарсанаа болуу	sarsanaa boluu
inquiétude (f)	кабатырлануу	kabatırlanuu
préoccupation (f)	чочулоо	tʃotʃuloo
soucieux (adj)	бушайман	buʃajman
s'énerver (vp)	тынчы кетүү	tıntʃı ketyy
paniquer (vi)	дүрбөлөңгө түшүү	dyrbøløŋgø tyʃyy
espoir (m)	үмүт	ymyt
espérer (vi)	үмүттөнүү	ymyttønyy
certitude (f)	ишенимдүүлүк	iʃenimdyylyk
certain (adj)	ишеничтүү	iʃenitʃtyy
incertitude (f)	ишенбегендик	iʃenbegendik
incertain (adj)	ишенбеген	iʃenbegen
ivre (adj)	мас	mas
sobre (adj)	соо	soo
faible (adj)	бошоң	boʃoŋ
heureux (adj)	бактылуу	baktıluu
faire peur	жүрөгүн түшүрүү	dʒyrøgyn tyʃyryy
fureur (f)	жинденүү	dʒindenyy
rage (f), colère (f)	жаалдануу	dʒaaldanuu
dépression (f)	көңүлү чөгүү	køŋyly tʃøgyy
inconfort (m)	ыңгайсыз	ıŋgajsız

confort (m)	ыңгайлуу	ıŋgajluu
regretter (vt)	өкүнүү	økynyy
regret (m)	өкүнүп калуу	økynyp kaluu
malchance (f)	жолу болбоо	dʒolu bolboo
tristesse (f)	капалануу	kapalanuu
honte (f)	уят	ujat
joie, allégresse (f)	кубаныч	kubanıtʃ
enthousiasme (m)	ынта менен	ınta menen
enthousiaste (m)	ынтызар	ıntızar
avoir de l'enthousiasme	ынтасын көрсөтүү	ıntasın kørsøtyy

59. Le caractère. La personnalité

caractère (m)	мүнөз	mynøz
défaut (m)	кемчилик	kemtʃilik
esprit (m)	эс-акыл	es-akıl
raison (f)	акыл	akıl
conscience (f)	абийир	abijir
habitude (f)	адат	adat
capacité (f)	жөндөм	dʒøndøm
savoir (faire qch)	билүү	bilyy
patient (adj)	көтөрүмдүү	køtørymdyy
impatient (adj)	чыдамы жок	tʃıdamı dʒok
curieux (adj)	ынтызар	ıntızar
curiosité (f)	кызыгуучулук	kızıguutʃuluk
modestie (f)	жөнөкөйлүк	dʒønøkøjlyk
modeste (adj)	жөнөкөй	dʒønøkøj
vaniteux (adj)	чекилик	tʃekilik
paresse (f)	жалкоолук	dʒalkooluk
paresseux (adj)	жалкоо	dʒalkoo
paresseux (m)	эринчээк	erintʃeek
astuce (f)	куулук	kuuluk
rusé (adj)	куу	kuu
méfiance (f)	ишенбөөчүлүк	iʃenbøøtʃylyk
méfiant (adj)	ишенбеген	iʃenbegen
générosité (f)	берешендик	bereʃendik
généreux (adj)	берешен	bereʃen
doué (adj)	зээндүү	zeendyy
talent (m)	талант	talant
courageux (adj)	кайраттуу	kajrattuu
courage (m)	кайрат	kajrat
honnête (adj)	чынчыл	tʃıntʃıl
honnêteté (f)	чынчылдык	tʃıntʃıldık
prudent (adj)	сак	sak
courageux (adj)	тайманбас	tajmanbas

| sérieux (adj) | оор басырыктуу | oor basırıktuu |
| sévère (adj) | сүрдүү | syrdyy |

décidé (adj)	чечкиндүү	tʃetʃkindyy
indécis (adj)	чечкинсиз	tʃetʃkinsiz
timide (adj)	тартынчаак	tartıntʃaak
timidité (f)	жүрөкзаада	dʒyrøkzaada

confiance (f)	ишеним артуу	iʃenim artuu
croire (qn)	ишенүү	iʃenyy
confiant (adj)	ишенчээк	iʃentʃeek

sincèrement (adv)	чын жүрөктөн	tʃın dʒyrøktøn
sincère (adj)	ак ниеттен	ak nietten
sincérité (f)	ак ниеттүүлүк	ak niettyylyk
ouvert (adj)	ачык	atʃık

calme (adj)	жоош	dʒooʃ
franc (sincère)	ачык	atʃık
naïf (adj)	ишенчээк	iʃentʃeek
distrait (adj)	унутчаак	unuttʃaak
drôle, amusant (adj)	кызык	kızık

avidité (f)	ач көздүк	atʃ køzdyk
avare (adj)	сараң	saraŋ
radin (adj)	сараң	saraŋ
méchant (adj)	каардуу	kaarduu
têtu (adj)	көк	køk
désagréable (adj)	жагымсыз	dʒagımsız

égoïste (m)	өзүмчүл	øzymtʃyl
égoïste (adj)	өзүмчүл	øzymtʃyl
peureux (m)	суу жүрөк	suu dʒyrøk
peureux (adj)	суу жүрөк	suu dʒyrøk

60. Le sommeil. Les rêves

dormir (vi)	уктоо	uktoo
sommeil (m)	уйку	ujku
rêve (m)	түш	tyʃ
rêver (en dormant)	түш көрүү	tyʃ køryy
endormi (adj)	уйкусураган	ujkusuragan

lit (m)	керебет	kerebet
matelas (m)	матрас	matras
couverture (f)	жууркан	dʒuurkan
oreiller (m)	жаздык	dʒazdık
drap (m)	шейшеп	ʃejʃep

insomnie (f)	уйкусуздук	ujkusuzduk
sans sommeil (adj)	уйкусуз	ujkusuz
somnifère (m)	уйку дарысы	ujku darısı
prendre un somnifère	уйку дарысын ичүү	ujku darısın itʃyy
avoir sommeil	уйкусу келүү	ujkusu kelyy

bâiller (vi)	эстөө	estøø
aller se coucher	уктоого кетүү	uktoogo ketyy
faire le lit	төшөк салуу	tøʃøk saluu
s'endormir (vp)	уктап калуу	uktap kaluu

cauchemar (m)	коркунучтуу түш	korkunutʃtuu tyʃ
ronflement (m)	коңурук	koŋuruk
ronfler (vi)	коңурук тартуу	koŋuruk tartuu

réveil (m)	ойготкуч саат	ojgotkutʃ saat
réveiller (vt)	ойготуу	ojgotuu
se réveiller (vp)	ойгонуу	ojgonuu
se lever (tôt, tard)	төшөктөн туруу	tøʃøktøn turuu
se laver (le visage)	бети-колду жуу	beti-koldu dʒuu

61. L'humour. Le rire. La joie

humour (m)	күлкү салуу	kylky saluu
sens (m) de l'humour	тамашага чалуу	tamaʃaga tʃaluu
s'amuser (vp)	көңүл ачуу	køŋyl atʃuu
joyeux (adj)	көңүлдүү	køŋyldyy
joie, allégresse (f)	көңүлдүүлүк	køŋyldyylyk

sourire (m)	жылмайыш	dʒɪlmajɪʃ
sourire (vi)	жылмаюу	dʒɪlmadʒuu
se mettre à rire	күлүп жиберүү	kylyp dʒiberyy
rire (vi)	күлүү	kylyy
rire (m)	күлкү	kylky

anecdote (f)	күлкүлүү окуя	kylkylyy okuja
drôle, amusant (adj)	күлкүлүү	kylkylyy
comique, ridicule (adj)	кызык	kɪzɪk

plaisanter (vi)	тамашалоо	tamaʃaloo
plaisanterie (f)	тамаша	tamaʃa
joie (f) (émotion)	кубаныч	kubanɪtʃ
se réjouir (vp)	кубануу	kubanuu
joyeux (adj)	кубанычтуу	kubanɪtʃtuu

62. Dialoguer et communiquer. Partie 1

communication (f)	баарлашуу	baarlaʃuu
communiquer (vi)	баарлашуу	baarlaʃuu

conversation (f)	сүйлөшүү	syjløʃyy
dialogue (m)	маек	maek
discussion (f) (débat)	талкуу	talkuu
débat (m)	талаш	talaʃ
discuter (vi)	талашуу	talaʃuu

interlocuteur (m)	аңгемелешкен	aŋgemeleʃken
sujet (m)	тема	tema

point (m) de vue	көз караш	køz karaʃ
opinion (f)	ой-пикир	oj-pikir
discours (m)	сөз	søz
discussion (f) (d'un rapport)	талкуу	talkuu
discuter (vt)	талкуулоо	talkuuloo
conversation (f)	маек	maek
converser (vi)	маектешүү	maekteʃyy
rencontre (f)	жолугушуу	dʒoluguʃuu
se rencontrer (vp)	жолугушуу	dʒoluguʃuu
proverbe (m)	макал-лакап	makal-lakap
dicton (m)	лакап	lakap
devinette (f)	табышмак	tabıʃmak
poser une devinette	табышмак айтуу	tabıʃmak ajtuu
mot (m) de passe	сырсөз	sırsøz
secret (m)	сыр	sır
serment (m)	ант	ant
jurer (de faire qch)	ант берүү	ant beryy
promesse (f)	убада	ubada
promettre (vt)	убада берүү	ubada beryy
conseil (m)	кеңеш	keŋeʃ
conseiller (vt)	кеңеш берүү	keŋeʃ beryy
suivre le conseil (de qn)	кеңешин жолдоо	keŋeʃin dʒoldoo
écouter (~ ses parents)	угуу	uguu
nouvelle (f)	жаңылык	dʒaŋılık
sensation (f)	дүң салуу	dyŋ saluu
renseignements (m pl)	маалымат	maalımat
conclusion (f)	корутунду	korutundu
voix (f)	үн	yn
compliment (m)	мактоо	maktoo
aimable (adj)	сылык	sılık
mot (m)	сөз	søz
phrase (f)	сүйлөм	syjløm
réponse (f)	жооп	dʒoop
vérité (f)	чындык	tʃındık
mensonge (m)	жалган	dʒalgan
pensée (f)	ой	oj
idée (f)	ой	oj
fantaisie (f)	ойдон чыгаруу	ojdon tʃıgaruu

63. Dialoguer et communiquer. Partie 2

respecté (adj)	урматтуу	urmattuu
respecter (vt)	сыйлоо	sıjloo
respect (m)	урмат	urmat
Cher ...	Урматтуу ...	urmattuu ...
présenter (faire connaître)	тааныштыруу	taanıʃtıruu

faire la connaissance	таанышуу	taanıʃuu
intention (f)	ниет	niet
avoir l'intention	ниеттенүү	niettenyy
souhait (m)	каалоо	kaaloo
souhaiter (vt)	каалоо айтуу	kaaloo ajtuu
étonnement (m)	таңгалыч	taŋgalıtʃ
étonner (vt)	таң калтыруу	taŋ kaltıruu
s'étonner (vp)	таң калуу	taŋ kaluu
donner (vt)	берүү	beryy
prendre (vt)	алуу	aluu
rendre (vt)	кайтарып берүү	kajtarıp beryy
retourner (vt)	кайра берүү	kajra beryy
s'excuser (vp)	кечирим суроо	ketʃirim suroo
excuse (f)	кечирим	ketʃirim
pardonner (vt)	кечирүү	ketʃiryy
parler (~ avec qn)	сүйлөшүү	syjløʃyy
écouter (vt)	угуу	uguu
écouter jusqu'au bout	кулак салуу	kulak saluu
comprendre (vt)	түшүнүү	tyʃynyy
montrer (vt)	көрсөтүү	kørsøtyy
regarder (vt)	… кароо	… karoo
appeler (vt)	чакыруу	tʃakıruu
distraire (déranger)	тынчын алуу	tıntʃın aluu
ennuyer (déranger)	тынчын алуу	tıntʃın aluu
passer (~ le message)	узатып коюу	uzatıp kojɵu
prière (f) (demande)	сураныч	suranıtʃ
demander (vt)	суроо	suroo
exigence (f)	талап	talap
exiger (vt)	талап кылуу	talap kıluu
taquiner (vt)	кыжырына тийүү	kıdʒırına tijyy
se moquer (vp)	шылдыңдоо	ʃıldıŋdoo
moquerie (f)	шылдың	ʃıldıŋ
surnom (m)	лакап ат	lakap at
allusion (f)	кыйытма	kıjıtma
faire allusion	кыйытып айтуу	kıjıtıp aytuu
sous-entendre (vt)	билдирүү	bildiryy
description (f)	сүрөттөө	syrøttøø
décrire (vt)	сүрөттөп берүү	syrøttøp beryy
éloge (m)	алкыш	alkıʃ
louer (vt)	мактоо	maktoo
déception (f)	көңүлү калуу	køŋyly kaluu
décevoir (vt)	көңүлүн калтыруу	køŋylyn kaltıruu
être déçu	көңүл калуу	køŋyl kaluu
supposition (f)	божомол	bodʒomol
supposer (vt)	божомолдоо	bodʒomoldoo

avertissement (m)	эскертүү	eskertyy
prévenir (vt)	эскертүү	eskertyy

64. Dialoguer et communiquer. Partie 3

convaincre (vt)	көндүрүү	køndyryy
calmer (vt)	тынчтандыруу	tıntʃtandıruu
silence (m) (~ est d'or)	жымжырт	dʒımdʒırt
rester silencieux	унчукпоо	untʃukpoo
chuchoter (vi, vt)	шыбыроо	ʃıbıroo
chuchotement (m)	шыбыр	ʃıbır
sincèrement (adv)	ачык айтканда	atʃık ajtkanda
à mon avis ...	менин оюмча ...	menin ojɵmtʃa ...
détail (m) (d'une histoire)	ийне-жиби	ijne-dʒibi
détaillé (adj)	тетиктелген	tetiktelgen
en détail (adv)	тетикке чейин	tetikke tʃejin
indice (m)	четин чыгаруу	tʃetin tʃıgaruu
donner un indice	четин чыгаруу	tʃetin tʃıgaruu
regard (m)	көз	køz
jeter un coup d'oeil	карап коюу	karap kojɵu
fixe (un regard ~)	тиктеген	tiktegen
clignoter (vi)	көз ирмөө	køz irmøø
cligner de l'oeil	көз кысуу	køz kısuu
hocher la tête	баш ийкөө	baʃ ijkøø
soupir (m)	дем чыгаруу	dem tʃıgaruu
soupirer (vi)	дем алуу	dem aluu
tressaillir (vi)	селт этүү	selt etyy
geste (m)	жаңсоо	dʒaŋsoo
toucher (de la main)	тийип кетүү	tijip ketyy
saisir (par le bras)	кармоо	karmoo
taper (sur l'épaule)	таптоо	taptoo
Attention!	Абайлагыла!	abajlagıla!
Vraiment?	Чын элеби?!	tʃın elebi?!
Tu es sûr?	Жаңылган жоксуңбу?	dʒaŋılgan dʒoksuŋbu?
Bonne chance!	Ийгилик!	ijgilik!
Compris!	Түшүнүктүү!	tyʃynyktyy!
Dommage!	Кап!	kap!

65. L'accord. Le refus

accord (m)	макулдук	makulduk
être d'accord	макул болуу	makul boluu
approbation (f)	колдоо	koldoo
approuver (vt)	колдоо	koldoo
refus (m)	баш тартуу	baʃ tartuu

se refuser (vp)	баш тартуу	baʃ tartuu
Super!	Эң жакшы!	eŋ dʒakʃɪ!
Bon!	Жакшы!	dʒakʃɪ!
D'accord!	Макул!	makul!

interdit (adj)	тыюу салынган	tɪjʉu salɪngan
c'est interdit	болбойт	bolbojt
c'est impossible	мүмкүн эмес	mymkyn emes
incorrect (adj)	туура эмес	tuura emes

décliner (vt)	четке кагуу	tʃetke kaguu
soutenir (vt)	колдоо	koldoo
accepter (condition, etc.)	кабыл алуу	kabɪl aluu

confirmer (vt)	ырастоо	ɪrastoo
confirmation (f)	ырастоо	ɪrastoo
permission (f)	уруксат	uruksat
permettre (vt)	уруксат берүү	uruksat beryy
décision (f)	чечим	tʃetʃim
ne pas dire un mot	унчукпоо	untʃukpoo

condition (f)	шарт	ʃart
excuse (f) (prétexte)	шылтоо	ʃɪltoo
éloge (m)	алкыш	alkɪʃ
louer (vt)	мактоо	maktoo

66. La réussite. La chance. L'échec

succès (m)	ийгилик	ijgilik
avec succès (adv)	ийгиликтүү	ijgiliktyy
réussi (adj)	ийгиликтүү	ijgiliktyy

chance (f)	жол болуу	dʒol boluu
Bonne chance!	Ийгилик!	ijgilik!
de chance (jour ~)	ийгиликтүү	ijgiliktyy
chanceux (adj)	жолу бар	dʒolu bar

échec (m)	жолу болбостук	dʒolu bolbostuk
infortune (f)	жолу болбостук	dʒolu bolbostuk
malchance (f)	жолу болбоо	dʒolu bolboo

| raté (adj) | жолу болбогон | dʒolu bolbogon |
| catastrophe (f) | киши көрбөсүн | kiʃi kørbøsyn |

fierté (f)	сыймык	sɪjmɪk
fier (adj)	көтөрүнгөн	køtøryngøn
être fier	сыймыктануу	sɪjmɪktanuu

gagnant (m)	жеңүүчү	dʒeŋyytʃy
gagner (vi)	жеңүү	dʒeŋyy
perdre (vi)	жеңилүү	dʒeŋilyy
tentative (f)	аракет	araket
essayer (vt)	аракет кылуу	araket kɪluu
chance (f)	мүмкүнчүлүк	mymkyntʃylyk

67. Les disputes. Les émotions négatives

cri (m)	кыйкырык	kıjkırık
crier (vi)	кыйкыруу	kıjkıruu
se mettre à crier	кыйкырып алуу	kıjkırıp aluu
dispute (f)	уруш	uruʃ
se disputer (vp)	урушуу	uruʃuu
scandale (m) (dispute)	чатак	tʃatak
faire un scandale	чатакташуу	tʃataktaʃuu
conflit (m)	чыр-чатак	tʃır-tʃatak
malentendu (m)	түшүнбөстүк	tyʃynbøstyk
insulte (f)	кордоо	kordoo
insulter (vt)	кемсинтүү	kemsintyy
insulté (adj)	катуу тийген	katuu tijgen
offense (f)	таарыныч	taarınıtʃ
offenser (vt)	көңүлгө тийүү	køŋylgø tijyy
s'offenser (vp)	таарынып калуу	taarınıp kaluu
indignation (f)	нааразылык	naarazılık
s'indigner (vp)	нааразы болуу	naarazı boluu
plainte (f)	арыз	arız
se plaindre (vp)	арыздануу	arızdanuu
excuse (f)	кечирим	ketʃirim
s'excuser (vp)	кечирим суроо	ketʃirim suroo
demander pardon	кечирим суроо	ketʃirim suroo
critique (f)	сын-пикир	sın-pikir
critiquer (vt)	сындоо	sındoo
accusation (f)	айыптоо	ajıptoo
accuser (vt)	айыптоо	ajıptoo
vengeance (f)	өч алуу	øtʃ aluu
se venger (vp)	өч алуу	øtʃ aluu
mépris (m)	киши катары көрбөө	kiʃi katarı kørbøø
mépriser (vt)	киши катарына албоо	kiʃi katarına alboo
haine (f)	жек көрүү	dʒek køryy
haïr (vt)	жек көрүү	dʒek køryy
nerveux (adj)	тынчы кеткен	tıntʃı ketken
s'énerver (vp)	тынчы кетүү	tıntʃı ketyy
fâché (adj)	ачууланган	atʃuulangan
fâcher (vt)	ачуусун келтирүү	atʃuusun keltiryy
humiliation (f)	кемсинтүү	kemsintyy
humilier (vt)	кемсинтүү	kemsintyy
s'humilier (vp)	байкуш болуу	bajkuʃ boluu
choc (m)	дендирөө	dendirøø
choquer (vt)	дендиретүү	dendiretyy
ennui (m) (problème)	жагымсыз жагдай	dʒagımsız dʒagdaj
désagréable (adj)	жагымсыз	dʒagımsız

peur (f)	коркунуч	korkunuʧ
terrible (tempête, etc.)	каардуу	kaarduu
effrayant (histoire ~e)	коркунучтуу	korkunuʧtuu
horreur (f)	үрөй учуу	yrøj uʧuu
horrible (adj)	үрөй учуруу	yrøj uʧuruu

commencer à trembler	калтырап баштоо	kaltırap baʃtoo
pleurer (vi)	ыйлоо	ıjloo
se mettre à pleurer	ыйлап жиберүү	ıjlap ʤiberyy
larme (f)	көз жаш	køz ʤaʃ

faute (f)	күнөө	kynøø
culpabilité (f)	күнөө сезими	kynøø sezimi
déshonneur (m)	уят	ujat
protestation (f)	нааразылык	naarazılık
stress (m)	бушайман болуу	buʃajman boluu

déranger (vt)	тынчын алуу	tınʧın aluu
être furieux	жини келүү	ʤini kelyy
en colère, fâché (adj)	ачуулуу	aʧuuluu
rompre (relations)	токтотуу	toktotuu
réprimander (vt)	урушуу	uruʃuu

prendre peur	чоочуу	ʧooʧuu
frapper (vt)	уруу	uruu
se battre (vp)	мушташуу	muʃtaʃuu

régler (~ un conflit)	жөндөө	ʤøndøø
mécontent (adj)	нааразы	naarazı
enragé (adj)	жаалданган	ʤaaldangan

| Ce n'est pas bien! | Бул жакшы эмес! | bul ʤakʃı emes! |
| C'est mal! | Бул жаман! | bul ʤaman! |

La médecine

68. Les maladies

maladie (f)	оору	ooru
être malade	ооруу	ooruu
santé (f)	ден-соолук	den-sooluk
rhume (m) (coryza)	мурдунан суу агуу	murdunan suu aguu
angine (f)	ангина	angina
refroidissement (m)	суук тийүү	suuk tijyy
prendre froid	суук тийгизип алуу	suuk tijgizip aluu
bronchite (f)	бронхит	bronχit
pneumonie (f)	кабыргадан сезгенүү	kabırgadan sezgenyy
grippe (f)	сасык тумоо	sasık tumoo
myope (adj)	алыстан көрө албоо	alıstan kørø alboo
presbyte (adj)	жакындан көрө албоо	dʒakından kørø alboo
strabisme (m)	кылый көздүүлүк	kılıj køzdyylyk
strabique (adj)	кылый көздүүлүк	kılıj køzdyylyk
cataracte (f)	челкөз	tʃelkøz
glaucome (m)	глаукома	glaukoma
insulte (f)	мээге кан куюлуу	meege kan kujuluu
crise (f) cardiaque	инфаркт	infarkt
infarctus (m) de myocarde	инфаркт миокарда	infarkt miokarda
paralysie (f)	шал	ʃal
paralyser (vt)	шал болуу	ʃal boluu
allergie (f)	аллергия	allergija
asthme (m)	астма	astma
diabète (m)	диабет	diabet
mal (m) de dents	тиш оорусу	tiʃ oorusu
carie (f)	кариес	karies
diarrhée (f)	ич өткү	itʃ øtky
constipation (f)	ич катуу	itʃ katuu
estomac (m) barbouillé	ич бузулгандык	itʃ buzulgandık
intoxication (f) alimentaire	уулануу	uulanuu
être intoxiqué	уулануу	uulanuu
arthrite (f)	артрит	artrit
rachitisme (m)	итий	itij
rhumatisme (m)	кызыл жүгүрүк	kızıl dʒygyryk
athérosclérose (f)	атеросклероз	ateroskleroz
gastrite (f)	карын сезгенүүсу	karın sezgenyysu
appendicite (f)	аппендицит	appenditsit

| cholécystite (f) | холецистит | χoleʦistit |
| ulcère (m) | жара | dʒara |

rougeole (f)	кызылча	kızıltʃa
rubéole (f)	кызамык	kızamık
jaunisse (f)	сарык	sarık
hépatite (f)	гепатит	gepatit

schizophrénie (f)	шизофрения	ʃizofrenija
rage (f) (hydrophobie)	кутурма	kuturma
névrose (f)	невроз	nevroz
commotion (f) cérébrale	мээнин чайкалышы	meenin tʃajkalıʃı

cancer (m)	рак	rak
sclérose (f)	склероз	skleroz
sclérose (f) en plaques	жайылган склероз	dʒajılgan skleroz

alcoolisme (m)	аракечтик	araketʃtik
alcoolique (m)	аракеч	araketʃ
syphilis (f)	котон жара	koton dʒara
SIDA (m)	СПИД	spid

tumeur (f)	шишик	ʃiʃik
maligne (adj)	залалдуу	zalalduu
bénigne (adj)	залалсыз	zalalsız

fièvre (f)	безгек	bezgek
malaria (f)	безгек	bezgek
gangrène (f)	кабыз	kabız
mal (m) de mer	дениз оорусу	deŋiz oorusu
épilepsie (f)	талма	talma

épidémie (f)	эпидемия	epidemija
typhus (m)	келте	kelte
tuberculose (f)	кургак учук	kurgak utʃuk
choléra (m)	холера	χolera
peste (f)	кара тумоо	kara tumoo

69. Les symptômes. Le traitement. Partie 1

symptôme (m)	белги	belgi
température (f)	дене табынын көтөрүлүшү	dene tabının køtørylyʃy
fièvre (f)	жогорку температура	dʒogorku temperatura
pouls (m)	тамыр кагышы	tamır kagıʃı

vertige (m)	баш айлануу	baʃ ajlanuu
chaud (adj)	ысык	ısık
frisson (m)	чыйрыгуу	tʃıjrıguu
pâle (adj)	купкуу	kupkuu

toux (f)	жөтөл	dʒøtøl
tousser (vi)	жөтөлүү	dʒøtølyy
éternuer (vi)	чүчкүрүү	tʃytʃkyryy

évanouissement (m)	эси оо	esi oo
s'évanouir (vp)	эси ооп жыгылуу	esi oop dʒıgıluu
bleu (m)	көк-ала	køk-ala
bosse (f)	шишик	ʃiʃik
se heurter (vp)	урунуп алуу	urunup aluu
meurtrissure (f)	көгөртүп алуу	køgørtyp aluu
se faire mal	көгөртүп алуу	køgørtyp aluu
boiter (vi)	аксоо	aksoo
foulure (f)	муундун чыгып кетүүсү	muundun tʃıgıp ketyysy
se démettre (l'épaule, etc.)	чыгарып алуу	tʃıgarıp aluu
fracture (f)	сынуу	sınuu
avoir une fracture	сындырып алуу	sındırıp aluu
coupure (f)	кесилген жер	kesilgen dʒer
se couper (~ le doigt)	кесип алуу	kesip aluu
hémorragie (f)	кан кетүү	kan ketyy
brûlure (f)	күйүк	kyjyk
se brûler (vp)	күйгүзүп алуу	kyjgyzyp aluu
se piquer (le doigt)	саюу	sajʉu
se piquer (vp)	сайып алуу	sajıp aluu
blesser (vt)	кокустатып алуу	kokustatıp aluu
blessure (f)	кокустатып алуу	kokustatıp aluu
plaie (f) (blessure)	жара	dʒara
trauma (m)	жаракат	dʒarakat
délirer (vi)	жөлүү	dʒølyy
bégayer (vi)	кекечтенүү	keketʃtenyy
insolation (f)	күн өтүү	kyn øtyy

70. Les symptômes. Le traitement. Partie 2

douleur (f)	оору	ooru
écharde (f)	тикен	tiken
sueur (f)	тер	ter
suer (vi)	тердөө	terdøø
vomissement (m)	кусуу	kusuu
spasmes (m pl)	тарамыш карышуусу	taramıʃ karıʃuusu
enceinte (adj)	кош бойлуу	koʃ bojluu
naître (vi)	төрөлүү	tørølyy
accouchement (m)	төрөт	tørøt
accoucher (vi)	төрөө	tørøø
avortement (m)	бойдон түшүрүү	bojdon tyʃyryy
respiration (f)	дем алуу	dem aluu
inhalation (f)	дем алуу	dem aluu
expiration (f)	дем чыгаруу	dem tʃıgaruu
expirer (vi)	дем чыгаруу	dem tʃıgaruu
inspirer (vi)	дем алуу	dem aluu

invalide (m)	майып	majıp
handicapé (m)	мунжу	mundʒu
drogué (m)	баңги	baŋgi

sourd (adj)	дүлөй	dyløj
muet (adj)	дудук	duduk
sourd-muet (adj)	дудук	duduk

fou (adj)	жин тийген	dʒin tijgen
fou (m)	жинди чалыш	dʒindi tʃalıʃ
folle (f)	жинди чалыш	dʒindi tʃalıʃ
devenir fou	мээси айныган	meesi ajnıgan

gène (m)	ген	gen
immunité (f)	иммунитет	immunitet
héréditaire (adj)	тукум куучулук	tukum kuutʃuluk
congénital (adj)	тубаса	tubasa

virus (m)	вирус	virus
microbe (m)	микроб	mikrob
bactérie (f)	бактерия	bakterija
infection (f)	жугуштуу илдет	dʒuguʃtuu ildet

71. Les symptômes. Le traitement. Partie 3

| hôpital (m) | оорукана | oorukana |
| patient (m) | бейтап | bejtap |

diagnostic (m)	дарт аныктоо	dart anıktoo
cure (f) (faire une ~)	дарылоо	darıloo
traitement (m)	дарылоо	darıloo
se faire soigner	дарылануу	darılanuu
traiter (un patient)	дарылоо	darıloo
soigner (un malade)	кароо	karoo
soins (m pl)	кароо	karoo

opération (f)	операция	operatsija
panser (vt)	жараны таңуу	dʒaranı taŋuu
pansement (m)	таңуу	taŋuu

vaccination (f)	эмдөө	emdøø
vacciner (vt)	эмдөө	emdøø
piqûre (f)	ийне салуу	ijne saluu
faire une piqûre	ийне сайдыруу	ijne sajdıruu

crise, attaque (f)	оору кармап калуу	ooru karmap kaluu
amputation (f)	кесүү	kesyy
amputer (vt)	кесип таштоо	kesip taʃtoo
coma (m)	кома	koma
être dans le coma	комада болуу	komada boluu
réanimation (f)	реанимация	reanimatsija

| se rétablir (vp) | сакаюу | sakajʉu |
| état (m) (de santé) | абал | abal |

| conscience (f) | эсинде | esinde |
| mémoire (f) | эс тутум | es tutum |

arracher (une dent)	тишти жулуу	tiʃti dʒuluu
plombage (m)	пломба	plomba
plomber (vt)	пломба салуу	plomba saluu

| hypnose (f) | гипноз | gipnoz |
| hypnotiser (vt) | гипноз кылуу | gipnoz kıluu |

72. Les médecins

médecin (m)	доктур	doktur
infirmière (f)	медсестра	medsestra
médecin (m) personnel	жекелик доктур	dʒekelik doktur

dentiste (m)	тиш доктур	tiʃ doktur
ophtalmologiste (m)	көз доктур	køz doktur
généraliste (m)	терапевт	terapevt
chirurgien (m)	хирург	χirurg

psychiatre (m)	психиатр	psiχiatr
pédiatre (m)	педиатр	pediatr
psychologue (m)	психолог	psiχolog
gynécologue (m)	гинеколог	ginekolog
cardiologue (m)	кардиолог	kardiolog

73. Les médicaments. Les accessoires

médicament (m)	дары-дармек	darı-darmek
remède (m)	дары	darı
prescrire (vt)	жазып берүү	dʒazıp beryy
ordonnance (f)	рецепт	retsept

comprimé (m)	таблетка	tabletka
onguent (m)	май	maj
ampoule (f)	ампула	ampula
mixture (f)	аралашма	aralaʃma
sirop (m)	сироп	sirop
pilule (f)	пилюля	piłułʲa
poudre (f)	күкүм	kykym

bande (f)	бинт	bint
coton (m) (ouate)	пахта	paχta
iode (m)	йод	jod

sparadrap (m)	лейкопластырь	lejkoplastırʲ
compte-gouttes (m)	дары тамызгыч	darı tamızgıtʃ
thermomètre (m)	градусник	gradusnik
seringue (f)	шприц	ʃprits
fauteuil (m) roulant	майып арабасы	majıp arabası
béquilles (f pl)	колтук таяк	koltuk tajak

anesthésique (m)	оору сездирбөөчү дары	ooru sezdirbөөtʃy darı
purgatif (m)	ич алдыруучу дары	itʃ aldıruutʃu darı
alcool (m)	спирт	spirt
herbe (f) médicinale	дары чептер	darı tʃөptөr
d'herbes (adj)	чеп чайы	tʃөp tʃajı

74. Le tabac et ses produits dérivés

tabac (m)	тамеки	tameki
cigarette (f)	чылым	tʃılım
cigare (f)	чылым	tʃılım
pipe (f)	трубка	trubka
paquet (m)	пачке	patʃke
allumettes (f pl)	ширеңке	ʃireŋke
boîte (f) d'allumettes	ширеңке кутусу	ʃireŋke kutusu
briquet (m)	зажигалка	zadʒigalka
cendrier (m)	күл салгыч	kyl salgıtʃ
étui (m) à cigarettes	портсигар	portsigar
fume-cigarette (m)	мундштук	mundʃtuk
filtre (m)	фильтр	filʲtr
fumer (vi, vt)	тамеки тартуу	tameki tartuu
allumer une cigarette	күйгүзүп алуу	kyjgyzyp aluu
tabagisme (m)	чылым чегүү	tʃılım tʃegyy
fumeur (m)	тамекичи	tamekitʃi
mégot (m)	чылым калдыгы	tʃılım kaldıgı
fumée (f)	түтүн	tytyn
cendre (f)	күл	kyl

L'HABITAT HUMAIN

La ville

75. La ville. La vie urbaine

ville (f)	шаар	ʃaar
capitale (f)	борбор	borbor
village (m)	кыштак	kɪʃtak
plan (m) de la ville	шаардын планы	ʃaardın planı
centre-ville (m)	шаардын борбору	ʃaardın borboru
banlieue (f)	шаардын чет жакасы	ʃaardın tʃet dʒakası
de banlieue (adj)	шаардын чет жакасындагы	ʃaardın tʃet dʒakasındagı
périphérie (f)	чет-жака	tʃet-dʒaka
alentours (m pl)	чет-жака	tʃet-dʒaka
quartier (m)	квартал	kvartal
quartier (m) résidentiel	турак-жай кварталы	turak-dʒaj kvartalı
trafic (m)	көчө кыймылы	køtʃø kıjmılı
feux (m pl) de circulation	светофор	svetofor
transport (m) urbain	шаар транспорту	ʃaar transportu
carrefour (m)	кесилиш	kesiliʃ
passage (m) piéton	жөө жүрүүчүлөр жолу	dʒøø dʒyryytʃylør dʒolu
passage (m) souterrain	жер астындагы жол	dʒer astındagı dʒol
traverser (vt)	жолду өтүү	dʒoldu øtyy
piéton (m)	жөө жүрүүчү	dʒøø dʒyryytʃy
trottoir (m)	жанжол	dʒandʒol
pont (m)	көпүрө	køpyrø
quai (m)	жээк жол	dʒeek dʒol
fontaine (f)	фонтан	fontan
allée (f)	аллея	alleja
parc (m)	сейил багы	sejil bagı
boulevard (m)	бульвар	bulʲvar
place (f)	аянт	ajant
avenue (f)	проспект	prospekt
rue (f)	көчө	køtʃø
ruelle (f)	чолок көчө	tʃolok køtʃø
impasse (f)	туюк көчө	tujʉk køtʃø
maison (f)	үй	yj
édifice (m)	имарат	imarat
gratte-ciel (m)	көк тиреген көп кабаттуу үй	køk tiregen køp kabattuu yj

façade (f)	үйдүн алды	yjdyn aldı
toit (m)	чатыр	tʃatır
fenêtre (f)	терезе	tereze
arc (m)	түркүк	tyrkyk
colonne (f)	мамы	mamı
coin (m)	бурч	burtʃ

vitrine (f)	көрсөтмө айнек үкөк	kørsøtmø ajnek ykøk
enseigne (f)	көрнөк	kørnøk
affiche (f)	афиша	afiʃa
affiche (f) publicitaire	көрнөк-жарнак	kørnøk-dʒarnak
panneau-réclame (m)	жарнамалык такта	dʒarnamalık takta

ordures (f pl)	таштанды	taʃtandı
poubelle (f)	таштанды челек	taʃtandı tʃelek
jeter à terre	таштоо	taʃtoo
décharge (f)	таштанды үйүлгөн жер	taʃtandı yjylgøn dʒer

cabine (f) téléphonique	телефон будкасы	telefon budkası
réverbère (m)	чырак мамы	tʃırak mamı
banc (m)	отургуч	oturgutʃ

policier (m)	полиция кызматкери	politsija kızmatkeri
police (f)	полиция	politsija
clochard (m)	кайырчы	kajırtʃı
sans-abri (m)	селсаяк	selsajak

76. Les institutions urbaines

magasin (m)	дүкөн	dykøn
pharmacie (f)	дарыкана	darıkana
opticien (m)	оптика	optika
centre (m) commercial	соода борбору	sooda borboru
supermarché (m)	супермаркет	supermarket

boulangerie (f)	нан дүкөнү	nan dykøny
boulanger (m)	навайчы	navajtʃı
pâtisserie (f)	кондитердик дүкөн	konditerdik dykøn
épicerie (f)	азык-түлүк	azık-tylyk
boucherie (f)	эт дүкөнү	et dykøny

magasin (m) de légumes	жашылча дүкөнү	dʒaʃıltʃa dykøny
marché (m)	базар	bazar

salon (m) de café	кофекана	kofekana
restaurant (m)	ресторан	restoran
brasserie (f)	сыракана	sırakana
pizzeria (f)	пиццерия	pitserija

salon (m) de coiffure	чач тарач	tʃatʃ taratʃ
poste (f)	почта	potʃta
pressing (m)	химиялык тазалоо	χimijalık tazaloo
atelier (m) de photo	фотоателье	fotoatelje
magasin (m) de chaussures	бут кийим дүкөнү	but kijim dykøny

| librairie (f) | китеп дүкөнү | kitep dykøny |
| magasin (m) d'articles de sport | спорт буюмдар дүкөнү | sport bujumdar dykøny |

atelier (m) de retouche	кийим ондоочу жай	kijim ondootʃu ʤaj
location (f) de vêtements	кийимди ижарага берүү	kijimdi iʤaraga beryy
location (f) de films	тасмаларды ижарага берүү	tasmalardı iʤaraga beryy

cirque (m)	цирк	tsırk
zoo (m)	зоопарк	zoopark
cinéma (m)	кинотеатр	kinoteatr
musée (m)	музей	muzej
bibliothèque (f)	китепкана	kitepkana

théâtre (m)	театр	teatr
opéra (m)	опера	opera
boîte (f) de nuit	түнкү клуб	tynky klub
casino (m)	казино	kazino

mosquée (f)	мечит	metʃit
synagogue (f)	синагога	sinagoga
cathédrale (f)	чоң чиркөө	tʃoŋ tʃirkøø
temple (m)	ибадаткана	ibadatkana
église (f)	чиркөө	tʃirkøø

institut (m)	коллеж	kolleʤ
université (f)	университет	universitet
école (f)	мектеп	mektep

préfecture (f)	префектура	prefektura
mairie (f)	мэрия	merija
hôtel (m)	мейманкана	mejmankana
banque (f)	банк	bank

ambassade (f)	элчилик	eltʃilik
agence (f) de voyages	турагенттиги	turagenttigi
bureau (m) d'information	маалымат бюросу	maalımat burosu
bureau (m) de change	алмаштыруу пункту	almaʃtıruu punktu

| métro (m) | метро | metro |
| hôpital (m) | оорукана | oorukana |

| station-service (f) | май куюучу станция | maj kujuutʃu stantsija |
| parking (m) | унаа токтоочу жай | unaa toktootʃu ʤaj |

77. Les transports en commun

autobus (m)	автобус	avtobus
tramway (m)	трамвай	tramvaj
trolleybus (m)	троллейбус	trollejbus
itinéraire (m)	каттам	kattam
numéro (m)	номер	nomer
prendre ...	... жүрүү	... ʤyryy
monter (dans l'autobus)	... отуруу	... oturuu

descendre de ...	... түшүп калуу	... tyʃyp kaluu
arrêt (m)	аялдама	ajaldama
arrêt (m) prochain	кийинки аялдама	kijinki ajaldama
terminus (m)	акыркы аялдама	akırkı ajaldama
horaire (m)	ырааттама	ıraattama
attendre (vt)	күтүү	kytyy

| ticket (m) | билет | bilet |
| prix (m) du ticket | билеттин баасы | bilettin baası |

caissier (m)	кассир	kassir
contrôle (m) des tickets	текшерүү	tekʃeryy
contrôleur (m)	текшерүүчү	tekʃeryytʃy

être en retard	кечигүү	ketʃigyy
rater (~ le train)	кечигип калуу	ketʃigip kaluu
se dépêcher	шашуу	ʃaʃuu

taxi (m)	такси	taksi
chauffeur (m) de taxi	такси айдоочу	taksi ajdootʃu
en taxi	таксиде	takside
arrêt (m) de taxi	такси токтоочу жай	taksi toktootʃu dʒaj
appeler un taxi	такси чакыруу	taksi tʃakıruu
prendre un taxi	такси кармоо	taksi karmoo

trafic (m)	көчө кыймылы	køtʃø kıjmılı
embouteillage (m)	тыгын	tıgın
heures (f pl) de pointe	кызуу маал	kızuu maal
se garer (vp)	токтотуу	toktotuu
garer (vt)	машинаны жайлаштыруу	maʃinanı dʒajlaʃtıruu
parking (m)	унаа токтоочу жай	unaa toktootʃu dʒaj

métro (m)	метро	metro
station (f)	бекет	beket
prendre le métro	метродо жүрүү	metrodo dʒyryy
train (m)	поезд	poezd
gare (f)	вокзал	vokzal

78. Le tourisme

monument (m)	эстелик	estelik
forteresse (f)	чеп	tʃep
palais (m)	сарай	saraj
château (m)	сепил	sepil
tour (f)	мунара	munara
mausolée (m)	күмбөз	kymbøz

architecture (f)	архитектура	arχitektura
médiéval (adj)	орто кылымдык	orto kılımdık
ancien (adj)	байыркы	bajırkı
national (adj)	улуттук	uluttuk
connu (adj)	таанымал	taanımal
touriste (m)	турист	turist
guide (m) (personne)	гид	gid

excursion (f)	экскурсия	ekskursija
montrer (vt)	көрсөтүү	kørsøtyy
raconter (une histoire)	айтып берүү	ajtıp beryy
trouver (vt)	табуу	tabuu
se perdre (vp)	адашып кетүү	adaʃıp ketyy
plan (m) (du metro, etc.)	схема	sχema
carte (f) (de la ville, etc.)	план	plan
souvenir (m)	асембелек	asembelek
boutique (f) de souvenirs	асембелек дүкөнү	asembelek dykøny
prendre en photo	сүрөткө тартуу	syrøtkø tartuu
se faire prendre en photo	сүрөткө түшүү	syrøtkø tyʃyy

79. Le shopping

acheter (vt)	сатып алуу	satıp aluu
achat (m)	сатып алуу	satıp aluu
faire des achats	сатып алууга чыгуу	satıp aluuga ʧıguu
shopping (m)	базарчылоо	bazarʧıloo
être ouvert	иштөө	iʃtøø
être fermé	жабылуу	dʒabıluu
chaussures (f pl)	бут кийим	but kijim
vêtement (m)	кийим-кече	kijim-ketʃe
produits (m pl) de beauté	упа-эндик	upa-endik
produits (m pl) alimentaires	азык-түлүк	azık-tylyk
cadeau (m)	белек	belek
vendeur (m)	сатуучу	satuuʧu
vendeuse (f)	сатуучу кыз	satuuʧu kız
caisse (f)	касса	kassa
miroir (m)	күзгү	kyzgy
comptoir (m)	прилавок	prilavok
cabine (f) d'essayage	кийим ченөөчү бөлмө	kijim ʧenøøʧy bølmø
essayer (robe, etc.)	кийим ченөө	kijim ʧenøø
aller bien (robe, etc.)	ылайык келүү	ılajık kelyy
plaire (être apprécié)	жактыруу	dʒaktıruu
prix (m)	баа	baa
étiquette (f) de prix	баа	baa
coûter (vt)	туруу	turuu
Combien?	Канча?	kanʧa?
rabais (m)	арзандатуу	arzandatuu
pas cher (adj)	кымбат эмес	kımbat emes
bon marché (adj)	арзан	arzan
cher (adj)	кымбат	kımbat
C'est cher	Бул кымбат	bul kımbat
location (f)	ижара	idʒara
louer (une voiture, etc.)	ижарага алуу	idʒaraga aluu

| crédit (m) | насыя | nasıja |
| à crédit (adv) | насыяга алуу | nasıjaga aluu |

80. L'argent

argent (m)	акча	aktʃa
échange (m)	алмаштыруу	almaʃtıruu
cours (m) de change	курс	kurs
distributeur (m)	банкомат	bankomat
monnaie (f)	тыйын	tıjın

| dollar (m) | доллар | dollar |
| euro (m) | евро | evro |

lire (f)	италиялык лира	italijalık lira
mark (m) allemand	немис маркасы	nemis markası
franc (m)	франк	frank
livre sterling (f)	фунт стерлинг	funt sterling
yen (m)	йена	jena

dette (f)	карыз	karız
débiteur (m)	карыздар	karızdar
prêter (vt)	карызга берүү	karızga beryy
emprunter (vt)	карызга алуу	karızga aluu

banque (f)	банк	bank
compte (m)	эсеп	esep
verser (dans le compte)	салуу	saluu
verser dans le compte	эсепке акча салуу	esepke aktʃa saluu
retirer du compte	эсептен акча чыгаруу	esepten aktʃa tʃıgaruu

carte (f) de crédit	насыя картасы	nasıja kartası
espèces (f pl)	накталай акча	naktalaj aktʃa
chèque (m)	чек	tʃek
faire un chèque	чек жазып берүү	tʃek dʒazıp beryy
chéquier (m)	чек китепчеси	tʃek kiteptʃesi

portefeuille (m)	намыян	namıjan
bourse (f)	капчык	kaptʃık
coffre fort (m)	сейф	sejf

héritier (m)	мураскер	murasker
héritage (m)	мурас	muras
fortune (f)	мүлк	mylk

location (f)	ижара	idʒara
loyer (m) (argent)	батир акысы	batir akısı
louer (prendre en location)	батирге алуу	batirge aluu

prix (m)	баа	baa
coût (m)	баа	baa
somme (f)	сумма	summa
dépenser (vt)	коротуу	korotuu
dépenses (f pl)	чыгым	tʃıgım

économiser (vt)	үнөмдөө	ynømdøø
économe (adj)	сарамжал	saramdʒal

payer (régler)	төлөө	tøløø
paiement (m)	акы төлөө	akı tøløø
monnaie (f) (rendre la ~)	кайтарылган майда акча	kajtarılgan majda aktʃa

impôt (m)	салык	salık
amende (f)	айып	ajıp
mettre une amende	айып пул салуу	ajıp pul saluu

81. La poste. Les services postaux

poste (f)	почта	potʃta
courrier (m) (lettres, etc.)	почта	potʃta
facteur (m)	кат ташуучу	kat taʃuutʃu
heures (f pl) d'ouverture	иш сааттары	iʃ saattarı

lettre (f)	кат	kat
recommandé (m)	тапшырык кат	tapʃırık kat
carte (f) postale	открытка	otkrıtka
télégramme (m)	телеграмма	telegramma
colis (m)	посылка	posılka
mandat (m) postal	акча которуу	aktʃa kotoruu

recevoir (vt)	алуу	aluu
envoyer (vt)	жөнөтүү	dʒønøtyy
envoi (m)	жөнөтүү	dʒønøtyy

adresse (f)	дарек	darek
code (m) postal	индекс	indeks
expéditeur (m)	жөнөтүүчү	dʒønøtyytʃy
destinataire (m)	алуучу	aluutʃu

prénom (m)	аты	atı
nom (m) de famille	фамилиясы	familijası

tarif (m)	тариф	tarif
normal (adj)	жөнөкөй	dʒønøkøj
économique (adj)	үнөмдүү	ynømdyy

poids (m)	салмак	salmak
peser (~ les lettres)	таразалоо	tarazaloo
enveloppe (f)	конверт	konvert
timbre (m)	марка	marka
timbrer (vt)	марка жабыштыруу	marka dʒabıʃtıruu

Le logement. La maison. Le foyer

82. La maison. Le logis

maison (f)	үй	yj
chez soi	үйүндө	yjyndø
cour (f)	эшик	eʃik
clôture (f)	тосмо	tosmo
brique (f)	кыш	kıʃ
en brique (adj)	кыштан	kıʃtan
pierre (f)	таш	taʃ
en pierre (adj)	таш	taʃ
béton (m)	бетон	beton
en béton (adj)	бетон	beton
neuf (adj)	жаңы	dʒaŋı
vieux (adj)	эски	eski
délabré (adj)	эскирген	eskirgen
moderne (adj)	заманбап	zamanbap
à plusieurs étages	көп кабаттуу	køp kabattuu
haut (adj)	бийик	bijik
étage (m)	кабат	kabat
sans étage (adj)	бир кабаттуу	bir kabat
rez-de-chaussée (m)	ылдыйкы этаж	ıldıjkı etadʒ
dernier étage (m)	үстүңкү этаж	ystyŋky etadʒ
toit (m)	чатыр	tʃatır
cheminée (f)	мор	mor
tuile (f)	чатыр карапа	tʃatır karapa
en tuiles (adj)	карапалуу	karapaluu
grenier (m)	чердак	tʃerdak
fenêtre (f)	терезе	tereze
vitre (f)	айнек	ajnek
rebord (m)	текче	tektʃe
volets (m pl)	терезе жапкычы	tereze dʒapkıtʃı
mur (m)	дубал	dubal
balcon (m)	балкон	balkon
gouttière (f)	суу аккан түтүк	suu akkan tytyk
en haut (à l'étage)	өйдө	øjdø
monter (vi)	көтөрүлүү	køtørylyy
descendre (vi)	ылдый түшүү	ıldıj tyʃyy
déménager (vi)	көчүү	køtʃyy

83. La maison. L'entrée. L'ascenseur

entrée (f)	подъезд	podʰjezd
escalier (m)	тепкич	tepkitʃ
marches (f pl)	тепкичтер	tepkitʃter
rampe (f)	тосмо	tosmo
hall (m)	холл	χoll
boîte (f) à lettres	почта ящиги	potʃta jaʃʃigi
poubelle (f) d'extérieur	таштанды челеги	taʃtandɪ tʃelegi
vide-ordures (m)	таштанды түтүгү	taʃtandɪ tytygy
ascenseur (m)	лифт	lift
monte-charge (m)	жүк ташуучу лифт	dʒyk taʃuutʃu lift
cabine (f)	кабина	kabina
prendre l'ascenseur	лифтке түшүү	liftke tyʃyy
appartement (m)	батир	batir
locataires (m pl)	жашоочулар	dʒaʃootʃular
voisin (m)	кошуна	koʃuna
voisine (f)	кошуна	koʃuna
voisins (m pl)	кошуналар	koʃunalar

84. La maison. La porte. La serrure

porte (f)	эшик	eʃik
portail (m)	дарбаза	darbaza
poignée (f)	тутка	tutka
déverrouiller (vt)	кулпусун ачуу	kulpusun atʃuu
ouvrir (vt)	ачуу	atʃuu
fermer (vt)	жабуу	dʒabuu
clé (f)	ачкыч	atʃkɪtʃ
trousseau (m), jeu (m)	ачкычтар тизмеси	atʃkɪtʃtar tizmesi
grincer (la porte)	кычыратуу	kɪtʃɪratuu
grincement (m)	чыйкылдоо	tʃɪjkɪldoo
gond (m)	петля	petlʲa
paillasson (m)	килемче	kilemtʃe
serrure (f)	кулпу	kulpu
trou (m) de la serrure	кулпу тешиги	kulpu teʃigi
verrou (m)	бекитме	bekitme
loquet (m)	тээк	teek
cadenas (m)	асма кулпу	asma kulpu
sonner (à la porte)	чалуу	tʃaluu
sonnerie (f)	шыңыраш	ʃɪŋgɪraʃ
sonnette (f)	конгуроо	konguroo
bouton (m)	конгуроо баскычы	konguroo baskɪtʃɪ
coups (m pl) à la porte	такылдатуу	takɪldatuu
frapper (~ à la porte)	такылдатуу	takɪldatuu

code (m)	код	kod
serrure (f) à combinaison	код кулпусу	kod kulpusu
interphone (m)	домофон	domofon
numéro (m)	номер	nomer
plaque (f) de porte	тактача	taktatʃa
judas (m)	кезче	køztʃø

85. La maison de campagne

village (m)	кыштак	kiʃtak
potager (m)	чарбак	tʃarbak
palissade (f)	тосмо	tosmo
clôture (f)	кашаа	kaʃaa
portillon (m)	каалга	kaalga
grange (f)	кампа	kampa
cave (f)	ороо	oroo
abri (m) de jardin	сарай	saraj
puits (m)	кудук	kuduk
poêle (m) (~ à bois)	меш	meʃ
chauffer le poêle	меш жагуу	meʃ dʒaguu
bois (m) de chauffage	отун	otun
bûche (f)	бир кертим жыгач	bir kertim dʒigatʃ
véranda (f)	веранда	veranda
terrasse (f)	терасса	terassa
perron (m) d'entrée	босого	bosogo
balançoire (f)	селкинчек	selkintʃek

86. Le château. Le palais

château (m)	сепил	sepil
palais (m)	сарай	saraj
forteresse (f)	чеп	tʃep
muraille (f)	дубал	dubal
tour (f)	мунара	munara
donjon (m)	баш мунара	baʃ munara
herse (f)	кетерүлүүчү дарбаза	køtørylyytʃy darbaza
souterrain (m)	жер астындагы жол	dʒer astindagı dʒol
douve (f)	сепил аңгеги	sepil aŋgegi
chaîne (f)	чынжыр	tʃindʒir
meurtrière (f)	атуучу тешик	atuutʃu teʃik
magnifique (adj)	сонун	sonun
majestueux (adj)	даңазалуу	daŋazaluu
inaccessible (adj)	бекем чеп	bekem tʃep
médiéval (adj)	орто кылымдык	orto kılımdık

87. L'appartement

appartement (m)	батир	batir
chambre (f)	бөлмө	bølmø
chambre (f) à coucher	уктоочу бөлмө	uktootʃu bølmø
salle (f) à manger	ашкана	aʃkana
salon (m)	конок үйү	konok yjy
bureau (m)	иш бөлмөсү	iʃ bølmøsy
antichambre (f)	кире бериш	kire beriʃ
salle (f) de bains	ванная	vannaja
toilettes (f pl)	даараткана	daaratkana
plafond (m)	шып	ʃıp
plancher (m)	пол	pol
coin (m)	бурч	burtʃ

88. L'appartement. Le ménage

faire le ménage	жыйноо	dʒıjnoo
ranger (jouets, etc.)	жыйноо	dʒıjnoo
poussière (f)	чаң	tʃaŋ
poussiéreux (adj)	чаң баскан	tʃaŋ baskan
essuyer la poussière	чаң сүртүү	tʃaŋ syrtyy
aspirateur (m)	чаң соргуч	tʃaŋ sorgutʃ
passer l'aspirateur	чаң сордуруу	tʃaŋ sorduruu
balayer (vt)	шыпыруу	ʃıpıruu
balayures (f pl)	шыпырынды	ʃıpırındı
ordre (m)	иреттелген	irettelgen
désordre (m)	чачылган	tʃatʃılgan
balai (m) à franges	швабра	ʃvabra
torchon (m)	чүпүрөк	tʃypyrøk
balayette (f) de sorgho	шыпыргы	ʃıpırgı
pelle (f) à ordures	калак	kalak

89. Les meubles. L'intérieur

meubles (m pl)	эмерек	emerek
table (f)	стол	stol
chaise (f)	стул	stul
lit (m)	керебет	kerebet
canapé (m)	диван	divan
fauteuil (m)	олпок отургуч	olpok oturgutʃ
bibliothèque (f) (meuble)	китеп шкафы	kitep ʃkafı
rayon (m)	текче	tektʃe
armoire (f)	шкаф	ʃkaf
patère (f)	кийим илгич	kijim ilgitʃ

portemanteau (m)	кийим илгич	kijim ilgitʃ
commode (f)	комод	komod
table (f) basse	журнал столу	dʒurnal stolu
miroir (m)	күзгү	kyzgy
tapis (m)	килем	kilem
petit tapis (m)	килемче	kilemtʃe
cheminée (f)	очок	otʃok
bougie (f)	шам	ʃam
chandelier (m)	шамдал	ʃamdal
rideaux (m pl)	парда	parda
papier (m) peint	туш кагаз	tuʃ kagaz
jalousie (f)	жалюзи	dʒaldʒʉzi
lampe (f) de table	стол чырагы	stol tʃıragı
applique (f)	чырак	tʃırak
lampadaire (m)	торшер	torʃer
lustre (m)	асма шам	asma ʃam
pied (m) (~ de la table)	бут	but
accoudoir (m)	чыканак такооч	tʃıkanak takootʃ
dossier (m)	жөлөнгүч	dʒøløngytʃ
tiroir (m)	суурма	suurma

90. La literie

linge (m) de lit	шейшеп	ʃejʃep
oreiller (m)	жаздык	dʒazdık
taie (f) d'oreiller	жаздык кап	dʒazdık kap
couverture (f)	жууркан	dʒuurkan
drap (m)	шейшеп	ʃejʃep
couvre-lit (m)	жапкыч	dʒapkıtʃ

91. La cuisine

cuisine (f)	ашкана	aʃkana
gaz (m)	газ	gaz
cuisinière (f) à gaz	газ плитасы	gaz plitası
cuisinière (f) électrique	электр плитасы	elektr plitası
four (m)	духовка	duxovka
four (m) micro-ondes	микротолкун меши	mikrotolkun meʃi
réfrigérateur (m)	муздаткыч	muzdatkıtʃ
congélateur (m)	тоңдургуч	toŋdurgutʃ
lave-vaisselle (m)	идиш жуучу машина	idiʃ dʒuutʃu maʃina
hachoir (m) à viande	эт туурагыч	et tuuragıtʃ
centrifugeuse (f)	шире сыккыч	ʃire sıkkıtʃ
grille-pain (m)	тостер	toster
batteur (m)	миксер	mikser

machine (f) à café	кофе кайнаткыч	kofe kajnatkıtʃ
cafetière (f)	кофе кайнатуучу идиш	kofe kajnatuutʃu idiʃ
moulin (m) à café	кофе майдалагыч	kofe majdalagıtʃ

bouilloire (f)	чайнек	tʃajnek
théière (f)	чайнек	tʃajnek
couvercle (m)	капкак	kapkak
passoire (f) à thé	чыпка	tʃıpka

cuillère (f)	кашык	kaʃık
petite cuillère (f)	чай кашык	tʃaj kaʃık
cuillère (f) à soupe	аш кашык	aʃ kaʃık
fourchette (f)	вилка	vilka
couteau (m)	бычак	bıtʃak

vaisselle (f)	идиш-аяк	idiʃ-ajak
assiette (f)	табак	tabak
soucoupe (f)	табак	tabak

verre (m) à shot	рюмка	rʉmka
verre (m) (~ d'eau)	ыстакан	ıstakan
tasse (f)	чөйчөк	tʃøjtʃøk

sucrier (m)	кум шекер салгыч	kum ʃeker salgıtʃ
salière (f)	туз салгыч	tuz salgıtʃ
poivrière (f)	мурч салгыч	murtʃ salgıtʃ
beurrier (m)	май салгыч	maj salgıtʃ

casserole (f)	мискей	miskej
poêle (f)	табак	tabak
louche (f)	чөмүч	tʃømytʃ
passoire (f)	депкир	depkir
plateau (m)	батыныс	batınıs

bouteille (f)	бөтөлкө	bøtølkø
bocal (m) (à conserves)	банка	banka
boîte (f) en fer-blanc	банка	banka

ouvre-bouteille (m)	ачкыч	atʃkıtʃ
ouvre-boîte (m)	ачкыч	atʃkıtʃ
tire-bouchon (m)	штопор	ʃtopor
filtre (m)	чыпка	tʃıpka
filtrer (vt)	чыпкалоо	tʃıpkaloo

| ordures (f pl) | таштанды | taʃtandı |
| poubelle (f) | таштанды чака | taʃtandı tʃaka |

92. La salle de bains

salle (f) de bains	ванная	vannaja
eau (f)	суу	suu
robinet (m)	чорго	tʃorgo
eau (f) chaude	ысык суу	ısık suu
eau (f) froide	муздак суу	muzdak suu

dentifrice (m)	тиш пастасы	tiʃ pastası
se brosser les dents	тиш жуу	tiʃ dʒuu
brosse (f) à dents	тиш щёткасы	tiʃ ʃtʃotkası

se raser (vp)	кырынуу	kırınuu
mousse (f) à raser	кырынуу үчүн көбүк	kırınuu ytʃyn købyk
rasoir (m)	устара	ustara

laver (vt)	жуу	dʒuu
se laver (vp)	жуунуу	dʒuunuu
douche (f)	душ	duʃ
prendre une douche	душка түшүү	duʃka tyʃyy

baignoire (f)	ванна	vanna
cuvette (f)	унитаз	unitaz
lavabo (m)	раковина	rakovina

| savon (m) | самын | samın |
| porte-savon (m) | самын салгыч | samın salgıtʃ |

éponge (f)	губка	gubka
shampooing (m)	шампунь	ʃampunʲ
serviette (f)	сүлгү	sylgy
peignoir (m) de bain	халат	χalat

lessive (f) (faire la ~)	кир жуу	kir dʒuu
machine (f) à laver	кир жуучу машина	kir dʒuutʃu maʃina
faire la lessive	кир жуу	kir dʒuu
lessive (f) (poudre)	кир жуучу порошок	kir dʒuutʃu poroʃok

93. Les appareils électroménagers

téléviseur (m)	сыналгы	sınalgı
magnétophone (m)	магнитофон	magnitofon
magnétoscope (m)	видеомагнитофон	videomagnitofon
radio (f)	үналгы	ynalgı
lecteur (m)	плеер	pleer

vidéoprojecteur (m)	видеопроектор	videoproektor
home cinéma (m)	үй кинотеатры	yj kinoteatrı
lecteur DVD (m)	DVD ойноткуч	dividi ojnotkutʃ
amplificateur (m)	күчөткүч	kytʃøtkytʃ
console (f) de jeux	оюн приставкасы	ojun pristavkası

caméscope (m)	видеокамера	videokamera
appareil (m) photo	фотоаппарат	fotoapparat
appareil (m) photo numérique	санарип камерасы	sanarip kamerası

aspirateur (m)	чаң соргуч	tʃaŋ sorgutʃ
fer (m) à repasser	үтүк	ytyk
planche (f) à repasser	үтүктөөчү тактай	ytyktøøtʃy taktaj

| téléphone (m) | телефон | telefon |
| portable (m) | мобилдик | mobildik |

machine (f) à écrire	машинка	maʃinka
machine (f) à coudre	кийим тигүүчү машинка	kijim tigyytʃy maʃinka
micro (m)	микрофон	mikrofon
écouteurs (m pl)	кулакчын	kulaktʃin
télécommande (f)	пульт	pulʲt
CD (m)	CD, компакт-диск	sidi, kompakt-disk
cassette (f)	кассета	kasseta
disque (m) (vinyle)	пластинка	plastinka

94. Les travaux de réparation et de rénovation

rénovation (f)	ремонт	remont
faire la rénovation	ремонт жасоо	remont dʒasoo
réparer (vt)	оңдоо	oŋdoo
remettre en ordre	иретке келтирүү	iretke keltiryy
refaire (vt)	кайра жасатуу	kajra dʒasatuu
peinture (f)	сыр	sır
peindre (des murs)	боео	boeo
peintre (m) en bâtiment	боекчу	boektʃu
pinceau (m)	кисть	kistʲ
chaux (f)	акиташ	akitaʃ
blanchir à la chaux	актоо	aktoo
papier (m) peint	туш кагаз	tuʃ kagaz
tapisser (vt)	туш кагаз менен чаптоо	tuʃ kagaz menen tʃaptoo
vernis (m)	лак	lak
vernir (vt)	лак менен жабуу	lak menen dʒabuu

95. La plomberie

eau (f)	суу	suu
eau (f) chaude	ысык суу	ısık suu
eau (f) froide	муздак суу	muzdak suu
robinet (m)	чорго	tʃorgo
goutte (f)	тамчы	tamtʃı
goutter (vi)	тамчылоо	tamtʃıloo
fuir (tuyau)	агуу	aguu
fuite (f)	суу өтүү	suu øtyy
flaque (f)	көлчүк	køltʃyk
tuyau (m)	түтүк	tytyk
valve (f)	чорго	tʃorgo
se boucher (vp)	тыгылуу	tıgıluu
outils (m pl)	аспаптар	aspaptar
clé (f) réglable	бурама ачкыч	burama atʃkıtʃ
dévisser (vt)	бурап чыгаруу	burap tʃıgaruu

visser (vt)	бурап бекитүү	burap bekityy
déboucher (vt)	тазалоо	tazaloo
plombier (m)	сантехник	santeχnik
sous-sol (m)	жер асты	ʤer astı
égouts (m pl)	канализация	kanalizatsija

96. L'incendie

feu (m)	өрт	ørt
flamme (f)	жалын	ʤalın
étincelle (f)	учкун	utʃkun
fumée (f)	түтүн	tytyn
flambeau (m)	шамана	ʃamana
feu (m) de bois	от	ot

essence (f)	күйүүчү май	kyjyytʃy may
kérosène (m)	керосин	kerosin
inflammable (adj)	күйүүчү	kyjyytʃy
explosif (adj)	жарылуу коркунучу	ʤarıluu korkunutʃu
DÉFENSE DE FUMER	ТАМЕКИ ЧЕГҮҮГӨ БОЛБОЙТ!	tameki tʃegyygø bolbojt!

sécurité (f)	коопсуз	koopsuz
danger (m)	коркунуч	korkunutʃ
dangereux (adj)	кооптуу	kooptuu

prendre feu	от алуу	ot aluu
explosion (f)	жарылуу	ʤarıluu
mettre feu	өрттөө	ørttøø
incendiaire (m)	өрттөөчү	ørttøøtʃy
incendie (m) prémédité	өрттөө	ørttøø

flamboyer (vi)	жалындап күйүү	ʤalındap kyjyy
brûler (vi)	күйүү	kyjyy
brûler complètement	күйүп кетүү	kyjyp ketyy

| appeler les pompiers | өрт өчүргүчтөрдү чакыруу | ørt øtʃyrgytʃtørdy tʃakıruu |

pompier (m)	өрт өчүргүч	ørt øtʃyrgytʃ
voiture (f) de pompiers	өрт өчүрүүчү машина	ørt øtʃyryytʃy maʃina
sapeurs-pompiers (pl)	өрт өчүрүү командасы	ørt øtʃyryy komandası
échelle (f) des pompiers	өрт өчүрүүчү шаты	ørt øtʃyryytʃy ʃatı

tuyau (m) d'incendie	шланг	ʃlang
extincteur (m)	өрт өчүргүч	ørt øtʃyrgytʃ
casque (m)	каска	kaska
sirène (f)	сирена	sirena

crier (vi)	айгай салуу	ajgaj saluu
appeler au secours	жардамга чакыруу	ʤardamga tʃakıruu
secouriste (m)	куткаруучу	kutkaruutʃu
sauver (vt)	куткаруу	kutkaruu
venir (vi)	келүү	kelyy
éteindre (feu)	өчүрүү	øtʃyryy

| eau (f) | суу | suu |
| sable (m) | кум | kum |

ruines (f pl)	уранды	urandı
tomber en ruine	уроо	uroo
s'écrouler (vp)	кулоо	kuloo
s'effondrer (vp)	урап тушүү	urap tuʃyy

| morceau (m) (de mur, etc.) | сынык | sınık |
| cendre (f) | күл | kyl |

| mourir étouffé | тумчугуу | tumʧuguu |
| périr (vi) | өлүү | ølyy |

LES ACTIVITÉS HUMAINS

Le travail. Les affaires. Partie 1

97. Les opérations bancaires

banque (f)	банк	bank
agence (f) bancaire	бөлүм	bølym
conseiller (m)	кеңешчи	keŋeʃʧi
gérant (m)	башкаруучу	baʃkaruutʃu
compte (m)	эсеп	esep
numéro (m) du compte	эсеп номери	esep nomeri
compte (m) courant	учурдагы эсеп	utʃurdagı esep
compte (m) sur livret	топтолмо эсеп	toptolmo esep
ouvrir un compte	эсеп ачуу	esep atʃuu
clôturer le compte	эсеп жабуу	esep dʒabuu
verser dans le compte	эсепке акча салуу	esepke aktʃa saluu
retirer du compte	эсептен акча чыгаруу	esepten aktʃa tʃigaruu
dépôt (m)	аманат	amanat
faire un dépôt	аманат кылуу	amanat kıluu
virement (m) bancaire	акча которуу	aktʃa kotoruu
faire un transfert	акча которуу	aktʃa kotoruu
somme (f)	сумма	summa
Combien?	Канча?	kantʃa?
signature (f)	кол тамга	kol tamga
signer (vt)	кол коюу	kol kojʉu
carte (f) de crédit	насыя картасы	nasıja kartası
code (m)	код	kod
numéro (m) de carte de crédit	насыя картанын номери	nasıja kartanın nomeri
distributeur (m)	банкомат	bankomat
chèque (m)	чек	tʃek
faire un chèque	чек жазып берүү	tʃek dʒazıp beryy
chéquier (m)	чек китепчеси	tʃek kiteptʃesi
crédit (m)	насыя	nasıja
demander un crédit	насыя үчүн кайрылуу	nasıja ytʃyn kajrıluu
prendre un crédit	насыя алуу	nasıja aluu
accorder un crédit	насыя берүү	nasıja beryy
gage (m)	кепилдик	kepildik

98. Le téléphone. La conversation téléphonique

téléphone (m)	телефон	telefon
portable (m)	мобилдик	mobildik
répondeur (m)	автоматтык жооп берүүчү	avtomattık dʒoop beryytʃy
téléphoner, appeler	чалуу	tʃaluu
appel (m)	чакыруу	tʃakıruu
composer le numéro	номер терүү	nomer teryy
Allô!	Алло!	allo!
demander (~ l'heure)	суроо	suroo
répondre (vi, vt)	жооп берүү	dʒoop beryy
entendre (bruit, etc.)	угуу	uguu
bien (adv)	жакшы	dʒakʃı
mal (adv)	жаман	dʒaman
bruits (m pl)	ызы-чуу	ızı-tʃuu
récepteur (m)	трубка	trubka
décrocher (vt)	трубканы алуу	trubkanı aluu
raccrocher (vi)	трубканы коюу	trubkanı kojuu
occupé (adj)	бош эмес	boʃ emes
sonner (vi)	шыңгыроо	ʃıŋgıroo
carnet (m) de téléphone	телефондук китепче	telefonduk kiteptʃe
local (adj)	жергиликтүү	dʒergiliktyy
appel (m) local	жергиликтүү чакыруу	dʒergiliktyy tʃakıruu
interurbain (adj)	шаар аралык	ʃaar aralık
appel (m) interurbain	шаар аралык чакыруу	ʃaar aralık tʃakıruu
international (adj)	эл аралык	el aralık
appel (m) international	эл аралык чакыруу	el aralık tʃakıruu

99. Le téléphone portable

portable (m)	мобилдик	mobildik
écran (m)	дисплей	displej
bouton (m)	баскыч	baskıtʃ
carte SIM (f)	SIM-карта	sim-karta
pile (f)	батарея	batareja
être déchargé	зарядканын түгөнүүсү	zarʲadkanın tygønyysy
chargeur (m)	заряддоочу шайман	zarʲaddootʃu ʃajman
menu (m)	меню	menʉ
réglages (m pl)	орнотуулар	ornotuular
mélodie (f)	обон	obon
sélectionner (vt)	тандоо	tandoo
calculatrice (f)	калькулятор	kalʲkulʲator
répondeur (m)	автоматтык жооп бергич	avtomattık dʒoop bergitʃ
réveil (m)	ойготкуч	ojgotkutʃ

contacts (m pl)	байланыштар	bajlanıʃtar
SMS (m)	SMS-кабар	esemes-kabar
abonné (m)	абонент	abonent

100. La papeterie

stylo (m) à bille	калем сап	kalem sap
stylo (m) à plume	калем уч	kalem utʃ
crayon (m)	карандаш	karandaʃ
marqueur (m)	маркер	marker
feutre (m)	фломастер	flomaster
bloc-notes (m)	дептерче	depterʧe
agenda (m)	күндөлүк	kyndølyk
règle (f)	сызгыч	sızgıʧ
calculatrice (f)	калькулятор	kalʲkulʲator
gomme (f)	өчүргүч	øʧyrgyʧ
punaise (f)	кнопка	knopka
trombone (m)	кыскыч	kıskıʧ
colle (f)	желим	dʒelim
agrafeuse (f)	степлер	stepler
perforateur (m)	тешкич	teʃkiʧ
taille-crayon (m)	учтагыч	uʧtagıʧ

Le travail. Les affaires. Partie 2

101. Les médias de masse

journal (m)	гезит	gezit
revue (f)	журнал	dʒurnal
presse (f)	пресса	pressa
radio (f)	үналгы	ynalgı
station (f) de radio	радио толкуну	radio tolkunu
télévision (f)	телекөрсөтүү	telekørsøtyy
animateur (m)	алып баруучу	alıp baruutʃu
présentateur (m) de journaux télévisés	диктор	diktor
commentateur (m)	баяндамачы	bajandamatʃı
journaliste (m)	журналист	dʒurnalist
correspondant (m)	кабарчы	kabartʃı
reporter photographe (m)	фотокорреспондент	fotokorrespondent
reporter (m)	репортёр	reportʲor
rédacteur (m)	редактор	redaktor
rédacteur (m) en chef	башкы редактор	baʃkı redaktor
s'abonner (vp)	жазылуу	dʒazıluu
abonnement (m)	жазылуу	dʒazıluu
abonné (m)	жазылуучу	dʒazıluutʃu
lire (vi, vt)	окуу	okuu
lecteur (m)	окурман	okurman
tirage (m)	нуска	nuska
mensuel (adj)	ай сайын	aj sajın
hebdomadaire (adj)	жума сайын	dʒuma sajın
numéro (m)	номер	nomer
nouveau (~ numéro)	жаңы	dʒaŋı
titre (m)	баш аты	baʃ atı
entrefilet (m)	кыскача макала	kıskatʃa makala
rubrique (f)	рубрика	rubrika
article (m)	макала	makala
page (f)	бет	bet
reportage (m)	репортаж	reportadʒ
événement (m)	окуя	okuja
sensation (f)	дүң салуу	dyŋ saluu
scandale (m)	жаңжал	dʒaŋdʒal
scandaleux	жаңжалчы	dʒaŋdʒaltʃı
grand (~ scandale)	чуулгандуу	tʃuulganduu
émission (f)	көрсөтүү	kørsøtyy
interview (f)	интервью	intervjʉ

| émission (f) en direct | түз берүү | tyz beryy |
| chaîne (f) (~ payante) | канал | kanal |

102. L'agriculture

agriculture (f)	дыйкан чарбачылык	dıjkan tʃarbatʃılık
paysan (m)	дыйкан	dıjkan
paysanne (f)	дыйкан аял	dıjkan ajal
fermier (m)	фермер	fermer

| tracteur (m) | трактор | traktor |
| moissonneuse-batteuse (f) | комбайн | kombajn |

charrue (f)	соко	soko
labourer (vt)	жер айдоо	dʒer ajdoo
champ (m) labouré	айдоо жер	ajdoo dʒer
sillon (m)	жөөк	dʒøøk

semer (vt)	себүү	sebyy
semeuse (f)	сеялка	sejalka
semailles (f pl)	эгүү	egyy

| faux (f) | чалгы | tʃalgı |
| faucher (vt) | чабуу | tʃabuu |

| pelle (f) | күрөк | kyrøk |
| bêcher (vt) | казуу | kazuu |

couperet (m)	кетмен	ketmen
sarcler (vt)	отоо	otoo
mauvaise herbe (f)	отоо чөп	otoo tʃøp

arrosoir (m)	гүл челек	gyl tʃelek
arroser (plantes)	сугаруу	sugaruu
arrosage (m)	сугат	sugat

| fourche (f) | айры | ajrı |
| râteau (m) | тырмоо | tırmoo |

engrais (m)	жер семиртким	dʒer semirtkitʃ
engraisser (vt)	жер семиртүү	dʒer semirtyy
fumier (m)	кык	kık

champ (m)	талаа	talaa
pré (m)	шалбаа	ʃalbaa
potager (m)	чарбак	tʃarbak
jardin (m)	бакча	baktʃa

faire paître	жаюу	dʒadʒuu
berger (m)	чабан	tʃaban
pâturage (m)	жайыт	dʒajıt

| élevage (m) | мал чарбачылык | mal tʃarbatʃılık |
| élevage (m) de moutons | кой чарбачылык | koj tʃarbatʃılık |

plantation (f)	плантация	plantatsija
plate-bande (f)	жөөк	dʒøøk
serre (f)	күнөскана	kynøskana
sécheresse (f)	кургакчылык	kurgaktʃılık
sec (l'été ~)	кургак	kurgak
grains (m pl)	дан эгиндери	dan eginderi
céréales (f pl)	дан эгиндери	dan eginderi
récolter (vt)	чаап алуу	tʃaap aluu
meunier (m)	тегирменчи	tegirmentʃi
moulin (m)	тегирмен	tegirmen
moudre (vt)	майдалоо	majdaloo
farine (f)	ун	un
paille (f)	саман	saman

103. Le BTP et la construction

chantier (m)	курулуш	kuruluʃ
construire (vt)	куруу	kuruu
ouvrier (m) du bâtiment	куруучу	kuruutʃu
projet (m)	долбоор	dolboor
architecte (m)	архитектор	arχitektor
ouvrier (m)	жумушчу	dʒumuʃtʃu
fondations (f pl)	пайдубал	pajdubal
toit (m)	чатыр	tʃatır
pieu (m) de fondation	казык	kazık
mur (m)	дубал	dubal
ferraillage (m)	арматура	armatura
échafaudage (m)	куруучу тепкичтер	kuruutʃu tepkitʃter
béton (m)	бетон	beton
granit (m)	гранит	granit
pierre (f)	таш	taʃ
brique (f)	кыш	kıʃ
sable (m)	кум	kum
ciment (m)	цемент	tsement
plâtre (m)	шыбак	ʃibak
plâtrer (vt)	шыбоо	ʃiboo
peinture (f)	сыр	sır
peindre (des murs)	боео	boeo
tonneau (m)	бочка	botʃka
grue (f)	кран	kran
monter (vt)	көтөрүү	køtøryy
abaisser (vt)	түшүрүү	tyʃyryy
bulldozer (m)	бульдозер	bulʲdozer
excavateur (m)	экскаватор	ekskavator

godet (m)	ковш	kovʃ
creuser (vt)	казуу	kazuu
casque (m)	каска	kaska

Les professions. Les métiers

104. La recherche d'emploi. Le licenciement

travail (m)	иш	iʃ
employés (pl)	жамаат	dʒamaat
personnel (m)	жамаат курамы	dʒamaat kuramı
carrière (f)	мансап	mansap
perspective (f)	перспектива	perspektiva
maîtrise (f)	чеберчилик	tʃebertʃilik
sélection (f)	тандоо	tandoo
agence (f) de recrutement	кадрдык агенттиги	kadrdık agenttigi
C.V. (m)	таржымал	tardʒımal
entretien (m)	аңгемелешүү	aŋgemeleʃyy
emploi (m) vacant	жумуш орун	dʒumuʃ orun
salaire (m)	эмгек акы	emgek akı
salaire (m) fixe	маяна	majana
rémunération (f)	акысын төлөө	akısın tøløø
poste (m) (~ évolutif)	кызмат орун	kızmat orun
fonction (f)	милдет	mildet
liste (f) des fonctions	милдеттенмелер	mildettenmeler
occupé (adj)	бош эмес	boʃ emes
licencier (vt)	бошотуу	boʃotuu
licenciement (m)	бошотуу	boʃotuu
chômage (m)	жумушсуздук	dʒumuʃsuzduk
chômeur (m)	жумушсуз	dʒumuʃsuz
retraite (f)	бааракы	baarakı
prendre sa retraite	ардактуу эс алууга чыгуу	ardaktuu es aluuga tʃıguu

105. Les hommes d'affaires

directeur (m)	директор	direktor
gérant (m)	башкаруучу	baʃkaruutʃu
patron (m)	башкаруучу	baʃkaruutʃu
supérieur (m)	башчы	baʃtʃı
supérieurs (m pl)	башчылар	baʃtʃılar
président (m)	президент	prezident
président (m) (d'entreprise)	төрага	tøraga
adjoint (m)	орун басар	orun basar
assistant (m)	жардамчы	dʒardamtʃı

| secrétaire (m, f) | катчы | kattʃı |
| secrétaire (m, f) personnel | жеке катчы | dʒeke kattʃı |

homme (m) d'affaires	бизнесмен	biznesmen
entrepreneur (m)	ишкер	iʃker
fondateur (m)	негиздөөчү	negizdøøtʃy
fonder (vt)	негиздөө	negizdøø

fondateur (m)	уюмдаштыруучу	ujɯmdaʃtıruutʃu
partenaire (m)	өнөктөш	ønøktøʃ
actionnaire (m)	акция кармоочу	aktsija karmootʃu

millionnaire (m)	миллионер	millioner
milliardaire (m)	миллиардер	milliarder
propriétaire (m)	ээси	eesi
propriétaire (m) foncier	жер ээси	dʒer eesi

client (m)	кардар	kardar
client (m) régulier	туруктуу кардар	turuktuu kardar
acheteur (m)	сатып алуучу	satıp aluutʃu
visiteur (m)	келүүчү	kelyytʃy

professionnel (m)	кесипкөй	kesipkøj
expert (m)	ишбилги	iʃbilgi
spécialiste (m)	адис	adis

| banquier (m) | банкир | bankir |
| courtier (m) | далдалчы | daldaltʃı |

caissier (m)	кассир	kassir
comptable (m)	бухгалтер	buxgalter
agent (m) de sécurité	кароолчу	karooltʃu

investisseur (m)	салым кошуучу	salım koʃuutʃu
débiteur (m)	карыздар	karızdar
créancier (m)	насыя алуучу	nasıja aluutʃu
emprunteur (m)	карызга алуучу	karızga aluutʃu

| importateur (m) | импорттоочу | importtootʃu |
| exportateur (m) | экспорттоочу | eksporttootʃu |

producteur (m)	өндүрүүчү	øndyryytʃy
distributeur (m)	дистрибьютор	distribjɯtor
intermédiaire (m)	ортомчу	ortomtʃu

conseiller (m)	кеңешчи	keŋeʃtʃi
représentant (m)	сатуу агенти	satuu agenti
agent (m)	агент	agent
agent (m) d'assurances	камсыздандыруучу агент	kamsızdandıruutʃu agent

106. Les métiers des services

| cuisinier (m) | ашпозчу | aʃpoztʃu |
| cuisinier (m) en chef | башкы ашпозчу | baʃkı aʃpoztʃu |

boulanger (m)	навайчы	navajtʃı
barman (m)	бармен	barmen
serveur (m)	официант	ofitsiant
serveuse (f)	официант кыз	ofitsiant kız

avocat (m)	жактоочу	dʒaktootʃu
juriste (m)	юрист	jʉrist
notaire (m)	нотариус	notarius

électricien (m)	электрик	elektrik
plombier (m)	сантехник	santeχnik
charpentier (m)	жыгач уста	dʒıgatʃ usta

masseur (m)	укалоочу	ukalootʃu
masseuse (f)	укалоочу	ukalootʃu
médecin (m)	доктур	doktur

chauffeur (m) de taxi	такси айдоочу	taksi ajdootʃu
chauffeur (m)	айдоочу	ajdootʃu
livreur (m)	жеткиргүүчү	dʒetkiryytʃy

femme (f) de chambre	үй кызматкери	yj kızmatkeri
agent (m) de sécurité	кароолчу	karooltʃu
hôtesse (f) de l'air	стюардесса	stʉardessa

professeur (m)	мугалим	mugalim
bibliothécaire (m)	китепканачы	kitepkanatʃı
traducteur (m)	котормочу	kotormotʃu
interprète (m)	оозеки котормочу	oozeki kotormotʃu
guide (m)	гид	gid

coiffeur (m)	чач тарач	tʃatʃ taratʃ
facteur (m)	кат ташуучу	kat taʃuutʃu
vendeur (m)	сатуучу	satuutʃu

jardinier (m)	багбанчы	bagbantʃı
serviteur (m)	үй кызматчы	yj kızmattʃı
servante (f)	үй кызматчы аял	yj kızmattʃı ajal
femme (f) de ménage	тазалагыч	tazalagıtʃ

107. Les professions militaires et leurs grades

soldat (m) (grade)	катардагы жоокер	katardagı dʒooker
sergent (m)	сержант	serdʒant
lieutenant (m)	лейтенант	lejtenant
capitaine (m)	капитан	kapitan

commandant (m)	майор	major
colonel (m)	полковник	polkovnik
général (m)	генерал	general
maréchal (m)	маршал	marʃal
amiral (m)	адмирал	admiral
militaire (m)	аскер кызматчысы	asker kızmattʃısı
soldat (m)	аскер	asker

officier (m)	офицер	ofitser
commandant (m)	командир	komandir
garde-frontière (m)	чек арачы	tʃek aratʃı
opérateur (m) radio	радист	radist
éclaireur (m)	чалгынчы	tʃalgıntʃı
démineur (m)	сапёр	sapʲor
tireur (m)	аткыч	atkıtʃ
navigateur (m)	штурман	ʃturman

108. Les fonctionnaires. Les prêtres

roi (m)	король, падыша	korolʲ, padıʃa
reine (f)	ханыша	χanıʃa
prince (m)	канзаада	kanzaada
princesse (f)	ханбийке	χanbijke
tsar (m)	падыша	padıʃa
tsarine (f)	ханыша	χanıʃa
président (m)	президент	prezident
ministre (m)	министр	ministr
premier ministre (m)	премьер-министр	premjer-ministr
sénateur (m)	сенатор	senator
diplomate (m)	дипломат	diplomat
consul (m)	консул	konsul
ambassadeur (m)	элчи	eltʃi
conseiller (m)	кеңешчи	keŋeʃtʃi
fonctionnaire (m)	аткаминер	atkaminer
préfet (m)	префект	prefekt
maire (m)	мэр	mer
juge (m)	сот	sot
procureur (m)	прокурор	prokuror
missionnaire (m)	миссионер	missioner
moine (m)	кечил	ketʃil
abbé (m)	аббат	abbat
rabbin (m)	раввин	ravvin
vizir (m)	визирь	vizirʲ
shah (m)	шах	ʃaχ
cheik (m)	шейх	ʃejχ

109. Les professions agricoles

apiculteur (m)	балчы	baltʃı
berger (m)	чабан	tʃaban
agronome (m)	агроном	agronom

| éleveur (m) | малчы | maltʃı |
| vétérinaire (m) | мал доктуру | mal dokturu |

fermier (m)	фермер	fermer
vinificateur (m)	вино жасоочу	vino dʒasootʃu
zoologiste (m)	зоолог	zoolog
cow-boy (m)	ковбой	kovboj

110. Les professions artistiques

| acteur (m) | актёр | aktʲor |
| actrice (f) | актриса | aktrisa |

| chanteur (m) | ырчы | ırtʃı |
| cantatrice (f) | ырчы кыз | ırtʃı kız |

| danseur (m) | бийчи жигит | bijtʃi dʒigit |
| danseuse (f) | бийчи кыз | bijtʃi kız |

| artiste (m) | аткаруучу | atkaruutʃu |
| artiste (f) | аткаруучу | atkaruutʃu |

musicien (m)	музыкант	muzıkant
pianiste (m)	пианист	pianist
guitariste (m)	гитарист	gitarist

chef (m) d'orchestre	дирижёр	diridʒʲor
compositeur (m)	композитор	kompozitor
imprésario (m)	импресарио	impresario

metteur (m) en scène	режиссёр	redʒissʲor
producteur (m)	продюсер	produser
scénariste (m)	сценарист	stsenarist
critique (m)	сынчы	sıntʃı

écrivain (m)	жазуучу	dʒazuutʃu
poète (m)	акын	akın
sculpteur (m)	бедизчи	bediztʃi
peintre (m)	сүрөтчү	syrøttʃy

jongleur (m)	жонглёр	dʒonglʲor
clown (m)	маскарапоз	maskarapoz
acrobate (m)	акробат	akrobat
magicien (m)	көз боечу	køz boetʃu

111. Les différents métiers

médecin (m)	доктур	doktur
infirmière (f)	медсестра	medsestra
psychiatre (m)	психиатр	psiχiatr
stomatologue (m)	тиш доктур	tiʃ doktur
chirurgien (m)	хирург	χirurg

astronaute (m)	астронавт	astronavt
astronome (m)	астроном	astronom
pilote (m)	учкуч	utʃkutʃ
chauffeur (m)	айдоочу	ajdootʃu
conducteur (m) de train	машинист	maʃinist
mécanicien (m)	механик	meχanik
mineur (m)	кенчи	kentʃi
ouvrier (m)	жумушчу	dʒumuʃtʃu
serrurier (m)	слесарь	slesarʲ
menuisier (m)	жыгач уста	dʒɪgatʃ usta
tourneur (m)	токарь	tokarʲ
ouvrier (m) du bâtiment	куруучу	kuruutʃu
soudeur (m)	ширеткич	ʃiretkitʃ
professeur (m) (titre)	профессор	professor
architecte (m)	архитектор	arχitektor
historien (m)	тарыхчы	tarɪχtʃɪ
savant (m)	илимпоз	ilimpoz
physicien (m)	физик	fizik
chimiste (m)	химик	χimik
archéologue (m)	археолог	arχeolog
géologue (m)	геолог	geolog
chercheur (m)	изилдеечү	izildøøtʃy
baby-sitter (m, f)	бала баккыч	bala bakkɪtʃ
pédagogue (m, f)	мугалим	mugalim
rédacteur (m)	редактор	redaktor
rédacteur (m) en chef	башкы редактор	baʃkɪ redaktor
correspondant (m)	кабарчы	kabartʃɪ
dactylographe (f)	машинистка	maʃinistka
designer (m)	дизайнер	dizajner
informaticien (m)	компьютер адиси	kompjʉter adisi
programmeur (m)	программист	programmist
ingénieur (m)	инженер	indʒener
marin (m)	деңизчи	deŋiztʃi
matelot (m)	матрос	matros
secouriste (m)	куткаруучу	kutkaruutʃu
pompier (m)	өрт өчүргүч	ørt øtʃyrgytʃ
policier (m)	полиция кызматкери	politsija kɪzmatkeri
veilleur (m) de nuit	кароолчу	karooltʃu
détective (m)	аңдуучу	aŋduutʃu
douanier (m)	бажы кызматкери	badʒɪ kɪzmatkeri
garde (m) du corps	жан сакчы	dʒan saktʃɪ
gardien (m) de prison	күзөтчү	kyzøttʃy
inspecteur (m)	инспектор	inspektor
sportif (m)	спортчу	sporttʃu
entraîneur (m)	машыктыруучу	maʃɪktɪruutʃu

boucher (m)	касапчы	kasaptʃı
cordonnier (m)	өтүкчү	øtyktʃy
commerçant (m)	жеке соодагер	dʒeke soodager
chargeur (m)	жүк ташуучу	dʒyk taʃuutʃu

| couturier (m) | модельер | modeljer |
| modèle (f) | модель | modelʲ |

112. Les occupations. Le statut social

| écolier (m) | окуучу | okuutʃu |
| étudiant (m) | студент | student |

philosophe (m)	философ	filosof
économiste (m)	экономист	ekonomist
inventeur (m)	ойлоп табуучу	ojlop tabuutʃu

chômeur (m)	жумушсуз	dʒumuʃsuz
retraité (m)	бааргер	baarger
espion (m)	тыңчы	tıŋtʃı

prisonnier (m)	камактагы адам	kamaktagı adam
gréviste (m)	иш калтыргыч	iʃ kaltırgıtʃ
bureaucrate (m)	бюрократ	bʉrokrat
voyageur (m)	саякатчы	sajakattʃı

homosexuel (m)	гомосексуалист	gomoseksualist
hacker (m)	хакер	χaker
hippie (m, f)	хиппи	χippi

bandit (m)	ууру-кески	uuru-keski
tueur (m) à gages	жалданма киши өлтүргүч	dʒaldanma kiʃi øltyrgytʃ
drogué (m)	баңги	baŋgi
trafiquant (m) de drogue	баңгизат сатуучу	baŋgizat satuutʃu
prostituée (f)	сойку	sojku
souteneur (m)	жан бакты	dʒan baktı

sorcier (m)	жадыгөй	dʒadıgøj
sorcière (f)	жадыгөй	dʒadıgøj
pirate (m)	деңиз каракчысы	deŋiz karaktʃısı
esclave (m)	кул	kul
samouraï (m)	самурай	samuraj
sauvage (m)	жапайы	dʒapajı

Le sport

113. Les types de sports. Les sportifs

sportif (m)	спортчу	sporttʃu
type (m) de sport	спорттун түрү	sporttun tyry
basket-ball (m)	баскетбол	basketbol
basketteur (m)	баскетбол ойноочу	basketbol ojnootʃu
base-ball (m)	бейсбол	bejsbol
joueur (m) de base-ball	бейсбол ойноочу	bejsbol ojnootʃu
football (m)	футбол	futbol
joueur (m) de football	футбол ойноочу	futbol ojnootʃu
gardien (m) de but	дарбазачы	darbazatʃı
hockey (m)	хоккей	χokkej
hockeyeur (m)	хоккей ойноочу	χokkej ojnootʃu
volley-ball (m)	волейбол	volejbol
joueur (m) de volley-ball	волейбол ойноочу	volejbol ojnootʃu
boxe (f)	бокс	boks
boxeur (m)	бокс мушташуучу	boks muʃtaʃuutʃu
lutte (f)	күрөш	kyrøʃ
lutteur (m)	күрөшчү	kyrøʃtʃy
karaté (m)	карате	karate
karatéka (m)	карате мушташуучу	karate muʃtaʃuutʃu
judo (m)	дзюдо	dzʉdo
judoka (m)	дзюдо чалуучу	dzʉdo tʃaluutʃu
tennis (m)	теннис	tennis
joueur (m) de tennis	теннис ойноочу	tennis ojnootʃu
natation (f)	сүзүү	syzyy
nageur (m)	сүзүүчү	syzyytʃy
escrime (f)	кылычташуу	kılıtʃtaʃuu
escrimeur (m)	кылычташуучу	kılıtʃtaʃuutʃu
échecs (m pl)	шахмат	ʃaχmat
joueur (m) d'échecs	шахмат ойноочу	ʃaχmat ojnootʃu
alpinisme (m)	альпинизм	alʲpinizm
alpiniste (m)	альпинист	alʲpinist
course (f)	чуркоо	tʃurkoo

coureur (m)	жөө күлүк	dʒøø kylyk
athlétisme (m)	жеңил атлетика	dʒeŋil atletika
athlète (m)	атлет	atlet
équitation (f)	ат спорту	at sportu
cavalier (m)	чабандес	tʃabandes
patinage (m) artistique	муз бийи	muz biji
patineur (m)	муз бийчи	muz bijtʃi
patineuse (f)	муз бийчи	muz bijtʃi
haltérophilie (f)	оор атлетика	oor atletika
haltérophile (m)	оор атлет	oor atlet
course (f) automobile	авто жарыш	avto dʒarıʃ
pilote (m)	гонщик	gonʃtʃik
cyclisme (m)	велоспорт	velosport
cycliste (m)	велосипед тебүүчү	velosiped tebyytʃy
sauts (m pl) en longueur	узундукка секирүү	uzundukka sekiryy
sauts (m pl) à la perche	шырык менен секирүү	ʃırık menen sekiryy
sauteur (m)	секирүүчү	sekiryytʃy

114. Les types de sports. Divers

football (m) américain	американский футбол	amerikanskij futbol
badminton (m)	бадминтон	badminton
biathlon (m)	биатлон	biatlon
billard (m)	бильярд	biljard
bobsleigh (m)	бобслей	bobslej
bodybuilding (m)	бодибилдинг	bodibilding
water-polo (m)	суу полосу	suu polosu
handball (m)	гандбол	gandbol
golf (m)	гольф	golʲf
aviron (m)	калакты уруу	kalaktı uruu
plongée (f)	сууга чөмүүчү	suuga tʃømyytʃy
course (f) à skis	чаңгы жарышы	tʃaŋgı dʒarıʃı
tennis (m) de table	стол тенниси	stol tennisi
voile (f)	парус астында сызуу	parus astında sızuu
rallye (m)	ралли	ralli
rugby (m)	регби	regbi
snowboard (m)	сноуборд	snoubord
tir (m) à l'arc	жаа атуу	dʒaa atuu

115. La salle de sport

barre (f) à disques	штанга	ʃtanga
haltères (m pl)	гантелдер	gantelder

appareil (m) d'entraînement	машыгуу машине	maʃiguu maʃine
vélo (m) d'exercice	велотренажёр	velotrenadʒior
tapis (m) roulant	тегеретме	tegeretme

barre (f) fixe	көпүрө жыгач	køpyrø dʒigatʃ
barres (pl) parallèles	брусдар	brusdar
cheval (m) d'Arçons	ат	at
tapis (m) gymnastique	мат	mat

corde (f) à sauter	секиргич	sekirgitʃ
aérobic (m)	аэробика	aerobika
yoga (m)	йога	joga

116. Le sport. Divers

Jeux (m pl) olympiques	Олимпиада Оюндары	olimpiada ojɯndarɯ
gagnant (m)	жеңүүчү	dʒeŋyytʃy
remporter (vt)	жеңүү	dʒeŋyy
gagner (vi)	утуу	utuu

| leader (m) | топ башы | top baʃɯ |
| prendre la tête | топ башында болуу | top baʃɯnda boluu |

première place (f)	биринчи орун	birintʃi orun
deuxième place (f)	экинчи орун	ekintʃi orun
troisième place (f)	үчүнчү орун	ytʃyntʃy orun

médaille (f)	медаль	medalʲ
trophée (m)	трофей	trofej
coupe (f) (trophée)	кубок	kubok
prix (m)	байге	bajge
prix (m) principal	баш байге	baʃ bajge

| record (m) | рекорд | rekord |
| établir un record | рекорд коюу | rekord kojɯu |

| finale (f) | финал | final |
| final (adj) | финалдык | finaldɯk |

| champion (m) | чемпион | tʃempion |
| championnat (m) | чемпионат | tʃempionat |

stade (m)	стадион	stadion
tribune (f)	трибуна	tribuna
supporteur (m)	күйөрман	kyjørman
adversaire (m)	каршылаш	karʃɯlaʃ

| départ (m) | старт | start |
| ligne (f) d'arrivée | маара | maara |

défaite (f)	утулуу	utuluu
perdre (vi)	жеңилүү	dʒeŋilyy
arbitre (m)	судья	sudja
jury (m)	калыстар	kalɯstar

score (m)	эсеп	esep
match (m) nul	теңме-тең	teŋme-teŋ
faire match nul	теңме-тең бүтүрүү	teŋme-teŋ bytyryy
point (m)	упай	upaj
résultat (m)	натыйжа	natıjdʒa

| période (f) | убак | ubak |
| mi-temps (f) (pause) | тыныгуу | tınıguu |

dopage (m)	допинг	doping
pénaliser (vt)	жазалоо	dʒazaloo
disqualifier (vt)	дисквалификиялоо	diskvalifitsijaloo

agrès (m)	снаряд	snarʲad
lance (f)	найза	najza
poids (m) (boule de métal)	ядро	jadro
bille (f) (de billard, etc.)	бильярд шары	biljard ʃarı

but (cible)	бута	buta
cible (~ en papier)	бута	buta
tirer (vi)	атуу	atuu
précis (un tir ~)	таамай	taamaj

entraîneur (m)	машыктыруучу	maʃıktıruutʃu
entraîner (vt)	машыктыруу	maʃıktıruu
s'entraîner (vp)	машыгуу	maʃıguu
entraînement (m)	машыгуу	maʃıguu

salle (f) de gym	спортзал	sportzal
exercice (m)	көнүгүү	kønygyy
échauffement (m)	дене керүү	dene keryy

L'éducation

117. L'éducation

école (f)	мектеп	mektep
directeur (m) d'école	мектеп директору	mektep direktoru
élève (m)	окуучу бала	okuutʃu bala
élève (f)	окуучу кыз	okuutʃu kız
écolier (m)	окуучу	okuutʃu
écolière (f)	окуучу кыз	okuutʃu kız
enseigner (vt)	окутуу	okutuu
apprendre (~ l'arabe)	окуу	okuu
apprendre par cœur	жаттоо	dʒattoo
apprendre (à faire qch)	үйрөнүү	yjrønyy
être étudiant, -e	мектепке баруу	mektepke baruu
aller à l'école	окууга баруу	okuuga baruu
alphabet (m)	алфавит	alfavit
matière (f)	сабак	sabak
salle (f) de classe	класс	klass
leçon (f)	сабак	sabak
récréation (f)	танапис	tanapis
sonnerie (f)	коңгуроо	koŋguroo
pupitre (m)	парта	parta
tableau (m) noir	такта	takta
note (f)	баа	baa
bonne note (f)	жакшы баа	dʒakʃı baa
mauvaise note (f)	жаман баа	dʒaman baa
donner une note	баа коюу	baa kojɐu
faute (f)	ката	kata
faire des fautes	ката кетирүү	kata ketiryy
corriger (une erreur)	түзөтүү	tyzøtyy
antisèche (f)	шпаргалка	ʃpargalka
devoir (m)	үй иши	yj iʃi
exercice (m)	көнүгүү	kønygyy
être présent	катышуу	katıʃuu
être absent	келбей калуу	kelbej kaluu
manquer l'école	сабактарды калтыруу	sabaktardı kaltıruu
punir (vt)	жазалоо	dʒazaloo
punition (f)	жаза	dʒaza
conduite (f)	жүрүм-турум	dʒyrym-turum

carnet (m) de notes	күндөлүк	kyndølyk
crayon (m)	карандаш	karandaʃ
gomme (f)	өчүргүч	øʧyrgyʧ
craie (f)	бор	bor
plumier (m)	калем салгыч	kalem salgıʧ

cartable (m)	портфель	portfelʲ
stylo (m)	калем сап	kalem sap
cahier (m)	дептер	depter
manuel (m)	китеп	kitep
compas (m)	циркуль	tsırkulʲ

| dessiner (~ un plan) | чийүү | ʧijyy |
| dessin (m) technique | чийме | ʧijme |

poésie (f)	ыр сап	ır sap
par cœur (adv)	жатка	dʒatka
apprendre par cœur	жаттоо	dʒattoo

vacances (f pl)	эс алуу	es aluu
être en vacances	эс алууда болуу	es aluuda boluu
passer les vacances	эс алууну өткөзүү	es aluunu øtkøzyy

interrogation (f) écrite	текшерүү иш	tekʃeryy iʃ
composition (f)	дил баян	dil bajan
dictée (f)	жат жаздыруу	dʒat dʒazdıruu
examen (m)	экзамен	ekzamen
passer les examens	экзамен тапшыруу	ekzamen tapʃiruu
expérience (f) (~ de chimie)	тажрыйба	tadʒrıjba

118. L'enseignement supérieur

académie (f)	академия	akademija
université (f)	университет	universitet
faculté (f)	факультет	fakulʲtet

étudiant (m)	студент бала	student bala
étudiante (f)	студент кыз	student kız
enseignant (m)	мугалим	mugalim

| salle (f) | дарскана | darskana |
| licencié (m) | окуу жайды бүтүрүүчү | okuu dʒajdı bytyryyʧy |

| diplôme (m) | диплом | diplom |
| thèse (f) | диссертация | dissertatsija |

| étude (f) | изилдөө | izildøø |
| laboratoire (m) | лаборатория | laboratorija |

| cours (m) | лекция | lektsija |
| camarade (m) de cours | курсташ | kurstaʃ |

| bourse (f) | стипендия | stipendija |
| grade (m) universitaire | илимий даража | ilimij daradʒa |

119. Les disciplines scientifiques

mathématiques (f pl)	математика	matematika
algèbre (f)	алгебра	algebra
géométrie (f)	геометрия	geometrija
astronomie (f)	астрономия	astronomija
biologie (f)	биология	biologija
géographie (f)	география	geografija
géologie (f)	геология	geologija
histoire (f)	тарых	tarıχ
médecine (f)	медицина	meditsina
pédagogie (f)	педагогика	pedagogika
droit (m)	укук	ukuk
physique (f)	физика	fizika
chimie (f)	химия	χimija
philosophie (f)	философия	filosofija
psychologie (f)	психология	psiχologija

120. Le système d'écriture et l'orthographe

grammaire (f)	грамматика	grammatika
vocabulaire (m)	лексика	leksika
phonétique (f)	фонетика	fonetika
nom (m)	зат атооч	zat atootʃ
adjectif (m)	сын атооч	sın atootʃ
verbe (m)	этиш	etiʃ
adverbe (m)	тактооч	taktootʃ
pronom (m)	ат атооч	at atootʃ
interjection (f)	сырдык сөз	sırdık søz
préposition (f)	препозиция	prepozitsija
racine (f)	сөздүн уңгусу	søzdyn uŋgusu
terminaison (f)	жалгоо	dʒalgoo
préfixe (m)	префикс	prefiks
syllabe (f)	муун	muun
suffixe (m)	суффикс	suffiks
accent (m) tonique	басым	basım
apostrophe (f)	апостроф	apostrof
point (m)	чекит	tʃekit
virgule (f)	үтүр	ytyr
point (m) virgule	чекитүү үтүр	tʃekityy ytyr
deux-points (m)	кош чекит	koʃ tʃekit
points (m pl) de suspension	көп чекит	køp tʃekit
point (m) d'interrogation	суроо белгиси	suroo belgisi
point (m) d'exclamation	илеп белгиси	ilep belgisi

guillemets (m pl)	тырмакча	tırmaktʃa
entre guillemets	тырмакчага алынган	tırmaktʃaga alıngan
parenthèses (f pl)	кашаа	kaʃaa
entre parenthèses	кашаага алынган	kaʃaaga alıngan

trait (m) d'union	дефис	defis
tiret (m)	тире	tire
blanc (m)	аралык	aralık

lettre (f)	тамга	tamga
majuscule (f)	баш тамга	baʃ tamga

voyelle (f)	үндүү тыбыш	yndyy tıbıʃ
consonne (f)	үнсүз тыбыш	ynsyz tıbıʃ

proposition (f)	сүйлөм	syjløm
sujet (m)	сүйлөмдүн ээси	syjlømdyn eesi
prédicat (m)	баяндооч	bajandootʃ

ligne (f)	сап	sap
à la ligne	жаңы сап	dʒaŋı sap
paragraphe (m)	абзац	abzats

mot (m)	сөз	søz
groupe (m) de mots	сөз айкашы	søz ajkaʃı
expression (f)	туюнтма	tujʉntma
synonyme (m)	синоним	sinonim
antonyme (m)	антоним	antonim

règle (f)	эреже	eredʒe
exception (f)	чектен чыгаруу	tʃekten tʃıgaruu
correct (adj)	туура	tuura

conjugaison (f)	жактоо	dʒaktoo
déclinaison (f)	жөндөлүш	dʒøndølyʃ
cas (m)	жөндөмө	dʒøndømø
question (f)	суроо	suroo
souligner (vt)	баса белгилөө	basa belgiløø
pointillé (m)	пунктир	punktir

121. Les langues étrangères

langue (f)	тил	til
étranger (adj)	чет	tʃet
langue (f) étrangère	чет тил	tʃet til
étudier (vt)	окуу	okuu
apprendre (~ l'arabe)	үйрөнүү	yjrønyy

lire (vi, vt)	окуу	okuu
parler (vi, vt)	сүйлөө	syjløø
comprendre (vt)	түшүнүү	tyʃynyy
écrire (vt)	жазуу	dʒazuu
vite (adv)	тез	tez
lentement (adv)	жай	dʒaj

couramment (adv)	эркин	erkin
règles (f pl)	эрежелер	eredʒeler
grammaire (f)	грамматика	grammatika
vocabulaire (m)	лексика	leksika
phonétique (f)	фонетика	fonetika
manuel (m)	китеп	kitep
dictionnaire (m)	сөздүк	søzdyk
manuel (m) autodidacte	өзү үйрөткүч	øzy yjrøtkytʃ
guide (m) de conversation	тилачар	tilatʃar
cassette (f)	кассета	kasseta
cassette (f) vidéo	видеокассета	videokasseta
CD (m)	CD, компакт-диск	sidi, kompakt-disk
DVD (m)	DVD-диск	dividi-disk
alphabet (m)	алфавит	alfavit
épeler (vt)	эжелеп айтуу	edʒelep ajtuu
prononciation (f)	айтылышы	ajtılıʃı
accent (m)	акцент	aktsent
avec un accent	акцент менен	aktsent menen
sans accent	акцентсиз	aktsentsiz
mot (m)	сөз	søz
sens (m)	маани	maani
cours (m pl)	курстар	kurstar
s'inscrire (vp)	курска жазылуу	kurska dʒazıluu
professeur (m) (~ d'anglais)	окутуучу	okutuutʃu
traduction (f) (action)	которуу	kotoruu
traduction (f) (texte)	котормо	kotormo
traducteur (m)	котормочу	kotormotʃu
interprète (m)	оозеки котормочу	oozeki kotormotʃu
polyglotte (m)	полиглот	poliglot
mémoire (f)	эс тутум	es tutum

122. Les personnages de contes de fées

Père Noël (m)	Санта Клаус	santa klaus
Cendrillon (f)	Кулала кыз	kylala kız
sirène (f)	суу периси	suu perisi
Neptune (m)	Нептун	neptun
magicien (m)	сыйкырчы	sıjkırtʃı
fée (f)	сыйкырчы	sıjkırtʃı
magique (adj)	сыйкырдуу	sıjkırduu
baguette (f) magique	сыйкырлуу таякча	sıjkırluu tajaktʃa
conte (m) de fées	жомок	dʒomok
miracle (m)	керемет	keremet
gnome (m)	эргежээл	ergedʒeel

se transformer en ...	...га айлануу	...ga ajlanuu
esprit (m) (revenant)	арбак	arbak
fantôme (m)	көрүнчү	køryntʃy
monstre (m)	желмогуз	dʒelmoguz
dragon (m)	ажыдаар	adʒıdaar
géant (m)	дөө	døø

123. Les signes du zodiaque

Bélier (m)	Кой	koj
Taureau (m)	Букачар	bukatʃar
Gémeaux (m pl)	Эгиздер	egizder
Cancer (m)	Рак	rak
Lion (m)	Арстан	arstan
Vierge (f)	Суу пери	suu peri
Balance (f)	Тараза	taraza
Scorpion (m)	Чаян	tʃajan
Sagittaire (m)	Жаачы	dʒaatʃı
Capricorne (m)	Текечер	teketʃer
Verseau (m)	Суу куяр	suu kujar
Poissons (m pl)	Балыктар	balıktar
caractère (m)	мүнөз	mynøz
traits (m pl) du caractère	мүнөздүн түрү	mynøzdyn tyry
conduite (f)	жүрүм-турум	dʒyrym-turum
dire la bonne aventure	төлгө ачуу	tølgø atʃuu
diseuse (f) de bonne aventure	көз ачык	køz atʃık
horoscope (m)	жылдыз төлгө	dʒıldız tølgø

L'art

124. Le théâtre

théâtre (m)	театр	teatr
opéra (m)	опера	opera
opérette (f)	оперетта	operetta
ballet (m)	балет	balet
affiche (f)	афиша	afiʃa
troupe (f) de théâtre	труппа	truppa
tournée (f)	гастрольго чыгуу	gastrolʲgo tʃɩguu
être en tournée	гастрольдо жүрүү	gastrolʲdo dʒyryy
répéter (vt)	репетиция кылуу	repetitsija kɩluu
répétition (f)	репетиция	repetitsija
répertoire (m)	репертуар	repertuar
représentation (f)	көрсөтүү	kørsøtyy
spectacle (m)	спектакль	spektaklʲ
pièce (f) de théâtre	пьеса	pjesa
billet (m)	билет	bilet
billetterie (f pl)	билет кассасы	bilet kassasɩ
hall (m)	холл	χoll
vestiaire (m)	гардероб	garderob
jeton (m) de vestiaire	номерок	nomerok
jumelles (f pl)	дүрбү	dyrby
placeur (m)	текшерүүчү	tekʃeryytʃy
parterre (m)	партер	parter
balcon (m)	балкон	balkon
premier (m) balcon	бельэтаж	beljetadʒ
loge (f)	ложа	lodʒa
rang (m)	катар	katar
place (f)	орун	orun
public (m)	эл	el
spectateur (m)	көрүүчү	køryytʃy
applaudir (vi)	кол чабуу	kol tʃabuu
applaudissements (m pl)	кол чабуулар	kol tʃabuular
ovation (f)	дүркүрөгөн кол чабуулар	dyrkyrøgøn kol tʃabuular
scène (f) (monter sur ~)	сахна	saχna
rideau (m)	көшөгө	køʃøgø
décor (m)	декорация	dekoratsija
coulisses (f pl)	көшөгө артында	køʃøgø artɩnda
scène (f) (la dernière ~)	көрсөтмө	kørsøtmø
acte (m)	окуя	okuja
entracte (m)	антракт	antrakt

125. Le cinéma

acteur (m)	актёр	aktʲor
actrice (f)	актриса	aktrisa
cinéma (m) (industrie)	кино	kino
film (m)	тасма	tasma
épisode (m)	серия	serija
film (m) policier	детектив	detektiv
film (m) d'action	салгылаш тасмасы	salgılaʃ tasması
film (m) d'aventures	укмуштуу окуялуу тасма	ukmuʃtuu okujaluu tasma
film (m) de science-fiction	билим-жалган аралаш тасмасы	bilim-dʒalgan aralaʃ tasması
film (m) d'horreur	коркутуу тасмасы	korkutuu tasması
comédie (f)	күлкүлүү кино	kylkylyy kino
mélodrame (m)	ый менен кайгы аралаш	ıy menen kajgı aralaʃ
drame (m)	драма	drama
film (m) de fiction	көркөм тасма	kørkøm tasma
documentaire (m)	документүү тасма	dokumentyy tasma
dessin (m) animé	мультфильм	mulʲtfilʲm
cinéma (m) muet	үнсүз кино	ynsyz kino
rôle (m)	роль	rolʲ
rôle (m) principal	башкы роль	baʃkı rolʲ
jouer (vt)	ойноо	ojnoo
vedette (f)	кино жылдызы	kino dʒıldızı
connu (adj)	белгилүү	belgilyy
célèbre (adj)	атактуу	ataktuu
populaire (adj)	даңазалуу	daŋazaluu
scénario (m)	сценарий	stsenarij
scénariste (m)	сценарист	stsenarist
metteur (m) en scène	режиссёр	redʒissʲor
producteur (m)	продюсер	prodʉser
assistant (m)	ассистент	assistent
opérateur (m)	оператор	operator
cascadeur (m)	айлагер	ajlager
doublure (f)	кейпин кийүүчү	kejpin kijyytʃy
tourner un film	тасма тартуу	tasma tartuu
audition (f)	сыноо	sınoo
tournage (m)	тартуу	tartuu
équipe (f) de tournage	тартуу группасы	tartuu gruppası
plateau (m) de tournage	тартуу аянты	tartuu ajantı
caméra (f)	кинокамера	kinokamera
cinéma (m)	кинотеатр	kinoteatr
écran (m)	экран	ekran
donner un film	тасманы көрсөтүү	tasmanı kørsøtyy
piste (f) sonore	үн нугу	yn nugu
effets (m pl) spéciaux	атайын эффектер	atajın effekter

sous-titres (m pl)	субтитрлер	subtitrler
générique (m)	титрлер	titrler
traduction (f)	которуу	kotoruu

126. La peinture

art (m)	көркөм өнөр	kørkøm ønør
beaux-arts (m pl)	көркөм чеберчилик	kørkøm tʃebertʃilik
galerie (f) d'art	арт-галерея	art-galereja
exposition (f) d'art	сүрөт көргөзмөсү	syrøt kørgøzmøsy

peinture (f)	живопись	dʒivopisʲ
graphique (f)	графика	grafika
art (m) abstrait	абстракционизм	abstraktsionizm
impressionnisme (m)	импрессионизм	impressionizm

tableau (m)	сүрөт	syrøt
dessin (m)	сүрөт	syrøt
poster (m)	көрнөк	kørnøk

illustration (f)	иллюстрация	illustratsija
miniature (f)	миниатюра	miniatura
copie (f)	көчүрмө	køtʃyrmø
reproduction (f)	репродукция	reproduktsija

mosaïque (f)	мозаика	mozaika
vitrail (m)	витраж	vitradʒ
fresque (f)	фреска	freska
gravure (f)	гравюра	gravura

buste (m)	бюст	bust
sculpture (f)	айкел	ajkel
statue (f)	айкел	ajkel
plâtre (m)	гипс	gips
en plâtre	гипстен	gipsten

portrait (m)	портрет	portret
autoportrait (m)	автопортрет	avtoportret
paysage (m)	теребел сүрөтү	terebel syrøty
nature (f) morte	буюмдар сүрөтү	bujumdar syrøty
caricature (f)	карикатура	karikatura
croquis (m)	сомо	somo

peinture (f)	боек	boek
aquarelle (f)	акварель	akvarelʲ
huile (f)	майбоёк	majbojok
crayon (m)	карандаш	karandaʃ
encre (f) de Chine	тушь	tuʃ
fusain (m)	көмүр	kømyr

dessiner (vi, vt)	тартуу	tartuu
peindre (vi, vt)	боёк менен тартуу	bojok menen tartuu
poser (vi)	атайын туруу	atajın turuu
modèle (m)	атайын туруучу	atajın turuutʃu

modèle (f)	атайын туруучу	atajın turuutʃu
peintre (m)	сүрөтчү	syrøttʃy
œuvre (f) d'art	чыгарма	tʃıgarma
chef (m) d'œuvre	чеберчиликтин чокусу	tʃebertʃiliktin tʃokusu
atelier (m) d'artiste	устакана	ustakana

toile (f)	кендир	kendir
chevalet (m)	мольберт	molʲbert
palette (f)	палитра	palitra

encadrement (m)	алкак	alkak
restauration (f)	калыбына келтирүү	kalıbına keltiryy
restaurer (vt)	калыбына келтирүү	kalıbına keltiryy

127. La littérature et la poésie

littérature (f)	адабият	adabijat
auteur (m) (écrivain)	автор	avtor
pseudonyme (m)	лакап ат	lakap at

livre (m)	китеп	kitep
volume (m)	том	tom
table (f) des matières	мазмун	mazmun
page (f)	бет	bet
protagoniste (m)	башкы каарман	baʃkı kaarman
autographe (m)	кол тамга	kol tamga

récit (m)	окуя	okuja
nouvelle (f)	аңгеме	aŋeme
roman (m)	роман	roman
œuvre (f) littéraire	дил баян	dil bajan
fable (f)	тамсил	tamsil
roman (m) policier	детектив	detektiv

vers (m)	ыр сап	ır sap
poésie (f)	поэзия	poezija
poème (m)	поэма	poema
poète (m)	акын	akın

belles-lettres (f pl)	сулуулатып жазуу	suluulatıp dʒazuu
science-fiction (f)	билим-жалган аралаш	bilim-dʒalgan aralaʃ
aventures (f pl)	укмуштуу окуялар	ukmuʃtuu okujalar
littérature (f) didactique	билим берүү адабияты	bilim beryy adabijatı
littérature (f) pour enfants	балдар адабияты	baldar adabijatı

128. Le cirque

cirque (m)	цирк	tsırk
chapiteau (m)	цирк-шапито	tsırk-ʃapito
programme (m)	программа	programma
représentation (f)	көрсөтүү	kørsøtyy
numéro (m)	номер	nomer

arène (f)	арена	arena
pantomime (f)	пантомима	pantomima
clown (m)	маскарапоз	maskarapoz
acrobate (m)	акробат	akrobat
acrobatie (f)	акробатика	akrobatika
gymnaste (m)	гимнаст	gimnast
gymnastique (f)	гимнастика	gimnastika
salto (m)	тоңкочуктап атуу	toŋkotʃuktap atuu
hercule (m)	атлет	atlet
dompteur (m)	ыкка көндүрүүчү	ɪkka køndyryytʃy
écuyer (m)	чабандес	tʃabandes
assistant (m)	жардамчы	dʒardamtʃɪ
truc (m)	ыкма	ɪkma
tour (m) de passe-passe	көз боемо	køz boemo
magicien (m)	көз боемочу	køz boemotʃu
jongleur (m)	жонглёр	dʒonglʲor
jongler (vi)	жонглёрлук кылуу	dʒonglʲorluk kɪluu
dresseur (m)	үйрөтүүчү	yjrøtyytʃy
dressage (m)	үйрөтүү	yjrøtyy
dresser (vt)	үйрөтүү	yjrøtyy

129. La musique

musique (f)	музыка	muzɪka
musicien (m)	музыкант	muzɪkant
instrument (m) de musique	музыка аспабы	muzɪka aspabɪ
jouer de …	…да ойноо	…da ojnoo
guitare (f)	гитара	gitara
violon (m)	скрипка	skripka
violoncelle (m)	виолончель	violontʃelʲ
contrebasse (f)	контрабас	kontrabas
harpe (f)	арфа	arfa
piano (m)	пианино	pianino
piano (m) à queue	рояль	rojalʲ
orgue (m)	орган	organ
instruments (m pl) à vent	үйлө аспаптары	yjlø aspaptarɪ
hautbois (m)	гобой	goboj
saxophone (m)	саксофон	saksofon
clarinette (f)	кларнет	klarnet
flûte (f)	флейта	flejta
trompette (f)	сурнай	surnaj
accordéon (m)	аккордеон	akkordeon
tambour (m)	добулбас	dobulbas
duo (m)	дуэт	duet
trio (m)	трио	trio

quartette (m)	квартет	kvartet
chœur (m)	хор	χor
orchestre (m)	оркестр	orkestr

musique (f) pop	поп-музыка	pop-muzıka
musique (f) rock	рок-музыка	rok-muzıka
groupe (m) de rock	рок-группа	rok-gruppa
jazz (m)	джаз	ʤaz

| idole (f) | аздек | azdek |
| admirateur (m) | күйөрман | kyjørman |

concert (m)	концерт	konʦert
symphonie (f)	симфония	simfonija
œuvre (f) musicale	чыгарма	ʧɪgarma
composer (vt)	чыгаруу	ʧɪgaruu

chant (m) (~ d'oiseau)	ырдоо	ırdoo
chanson (f)	ыр	ır
mélodie (f)	обон	obon
rythme (m)	ыргак	ırgak
blues (m)	блюз	blʉz

notes (f pl)	ноталар	notalar
baguette (f)	таякча	tajakʧa
archet (m)	кылдуу таякча	kılduu tajakʧa
corde (f)	кыл	kıl
étui (m)	куту	kutu

Les loisirs. Les voyages

130. Les voyages. Les excursions

tourisme (m)	туризм	turizm
touriste (m)	турист	turist
voyage (m) (à l'étranger)	саякат	sajakat
aventure (f)	укмуштуу окуя	ukmuʃtuu okuja
voyage (m)	сапар	sapar
vacances (f pl)	дем алыш	dem alıʃ
être en vacances	дем алышка чыгуу	dem alıʃka ʧıguu
repos (m) (jours de ~)	эс алуу	es aluu
train (m)	поезд	poezd
en train	поезд менен	poezd menen
avion (m)	учак	uʧak
en avion	учакта	uʧakta
en voiture	автомобилде	avtomobilde
en bateau	кемеде	kemede
bagage (m)	жүк	dʒyk
malle (f)	чемодан	ʧemodan
chariot (m)	араба	araba
passeport (m)	паспорт	pasport
visa (m)	виза	viza
ticket (m)	билет	bilet
billet (m) d'avion	авиабилет	aviabilet
guide (m) (livre)	жол көрсөткүч	dʒol kørsøtkyʧ
carte (f)	карта	karta
région (f) (~ rurale)	жай	dʒaj
endroit (m)	жер	dʒer
exotisme (m)	экзотика	ekzotika
exotique (adj)	экзотикалуу	ekzotikaluu
étonnant (adj)	ажайып	adʒajıp
groupe (m)	топ	top
excursion (f)	экскурсия	ekskursija
guide (m) (personne)	экскурсия жетекчиси	ekskursija dʒetekʧisi

131. L'hôtel

hôtel (m), auberge (f)	мейманкана	mejmankana
motel (m)	мотель	motelʲ
3 étoiles	үч жылдыздуу	yʧ dʒıldızduu

5 étoiles	беш жылдыздуу	beʃ dʒɯldɯzduu
descendre (à l'hôtel)	токтоо	toktoo

chambre (f)	номер	nomer
chambre (f) simple	бир орундуу	bir orunduu
chambre (f) double	эки орундуу	eki orunduu
réserver une chambre	номерди камдык буйрутмалоо	nomerdi kamdɯk bujrutmaloo

demi-pension (f)	жарым пансион	dʒarɯm pansion
pension (f) complète	толук пансион	toluk pansion

avec une salle de bain	ваннасы менен	vannasɯ menen
avec une douche	душ менен	duʃ menen
télévision (f) par satellite	спутник	sputnik
climatiseur (m)	аба желдеткич	aba dʒeldetkitʃ
serviette (f)	сулгу	sylgy
clé (f)	ачкыч	atʃkɯtʃ

administrateur (m)	администратор	administrator
femme (f) de chambre	үй кызматкери	yj kɯzmatkeri
porteur (m)	жүк ташуучу	dʒyk taʃuutʃu
portier (m)	эшик ачуучу	eʃik atʃuutʃu

restaurant (m)	ресторан	restoran
bar (m)	бар	bar
petit déjeuner (m)	таңкы тамак	taŋkɯ tamak
dîner (m)	кечки тамак	ketʃki tamak
buffet (m)	шведче стол	ʃvedtʃe stol

hall (m)	вестибюль	vestibɥlʲ
ascenseur (m)	лифт	lift

PRIÈRE DE NE PAS DÉRANGER	ТЫНЧЫБЫЗДЫ АЛБАГЫЛА!	tɯntʃɯbɯzdɯ albagɯla!
DÉFENSE DE FUMER	ТАМЕКИ ЧЕГҮҮГӨ БОЛБОЙТ!	tameki tʃegyygø bolbojt!

132. Le livre. La lecture

livre (m)	китеп	kitep
auteur (m)	автор	avtor
écrivain (m)	жазуучу	dʒazuutʃu
écrire (~ un livre)	жазуу	dʒazuu

lecteur (m)	окурман	okurman
lire (vi, vt)	окуу	okuu
lecture (f)	окуу	okuu

à part soi	үн чыгарбай	yn tʃɯgarbaj
à haute voix	үн чыгарып	yn tʃɯgarɯp

éditer (vt)	басып чыгаруу	basɯp tʃɯgaruu
édition (f) (~ des livres)	басып чыгаруу	basɯp tʃɯgaruu

éditeur (m)	басып чыгаруучу	basıp ʧıgaruuʧu
maison (f) d'édition	басмакана	basmakana
paraître (livre)	жарык көрүү	dʒarık køryy
sortie (f) (~ d'un livre)	чыгуу	ʧıguu
tirage (m)	нуска	nuska
librairie (f)	китеп дүкөнү	kitep dykøny
bibliothèque (f)	китепкана	kitepkana
nouvelle (f)	аңгеме	aŋgeme
récit (m)	окуя	okuja
roman (m)	роман	roman
roman (m) policier	детектив	detektiv
mémoires (m pl)	эсте калгандары	este kalgandarı
légende (f)	уламыш	ulamıʃ
mythe (m)	миф	mif
vers (m pl)	ыр	ır
autobiographie (f)	автобиография	avtobiografija
les œuvres choisies	тандалма	tandalma
science-fiction (f)	билим-жалган аралаш	bilim-dʒalgan aralaʃ
titre (m)	аталышы	atalıʃı
introduction (f)	кириш сөз	kiriʃ søz
page (f) de titre	наам барагы	naam baragı
chapitre (m)	бөлүм	bølum
extrait (m)	үзүндү	yzyndy
épisode (m)	эпизод	epizod
sujet (m)	сюжет	sudʒet
sommaire (m)	мазмун	mazmun
table (f) des matières	мазмун	mazmun
protagoniste (m)	башкы каарман	baʃkı kaarman
volume (m)	том	tom
couverture (f)	мукаба	mukaba
reliure (f)	мукабалоо	mukabaloo
marque-page (m)	чеп кат	ʧøp kat
page (f)	бет	bet
feuilleter (vt)	барактоо	baraktoo
marges (f pl)	талаа	talaa
annotation (f)	белги	belgi
note (f) de bas de page	эскертүү	eskertyy
texte (m)	текст	tekst
police (f)	шрифт	ʃrift
faute (f) d'impression	ката	kata
traduction (f)	котормо	kotormo
traduire (vt)	котроуу	kotoruu
original (m)	түпнуска	typnuska
célèbre (adj)	атактуу	ataktuu

inconnu (adj)	белгисиз	belgisiz
intéressant (adj)	кызыктуу	kızıktuu
best-seller (m)	талашып сатып алынган	talaʃıp satıp alıngan
dictionnaire (m)	сөздүк	søzdyk
manuel (m)	китеп	kitep
encyclopédie (f)	энциклопедия	entsiklopedija

133. La chasse. La pêche

chasse (f)	аңчылык	aŋtʃılık
chasser (vi, vt)	аңчылык кылуу	aŋtʃılık kıluu
chasseur (m)	аңчы	aŋtʃı
tirer (vi)	атуу	atuu
fusil (m)	мылтык	mıltık
cartouche (f)	ок	ok
grains (m pl) de plomb	чачма	tʃatʃma
piège (m) à mâchoires	капкан	kapkan
piège (m)	тузак	tuzak
être pris dans un piège	капканга түшүү	kapkanga tyʃyy
mettre un piège	капкан коюу	kapkan kojʉu
braconnier (m)	браконьер	brakonjer
gibier (m)	илбээсин	ilbeesin
chien (m) de chasse	тайган	tajgan
safari (m)	сафари	safari
animal (m) empaillé	кеп	kep
pêcheur (m)	балыкчы	balıktʃı
pêche (f)	балык улоо	balık uloo
pêcher (vi)	балык улоо	balık uloo
canne (f) à pêche	кайырмак	kajırmak
ligne (f) de pêche	кайырмак жиби	kajırmak dʒibi
hameçon (m)	илгич	ilgitʃ
flotteur (m)	калкыма	kalkıma
amorce (f)	жем	dʒem
lancer la ligne	кайырмак таштоо	kajırmak taʃtoo
mordre (vt)	чокулоо	tʃokuloo
pêche (f) (poisson capturé)	кармалган балык	karmalgan balık
trou (m) dans la glace	муздагы оюк	muzdagı ojʉk
filet (m)	тор	tor
barque (f)	кайык	kajık
pêcher au filet	тор менен кармоо	tor menen karmoo
jeter un filet	тор таштоо	tor taʃtoo
retirer le filet	торду чыгаруу	tordu tʃıgaruu
tomber dans le filet	торго түшүү	torgo tyʃyy
baleinier (m)	кит уулоочу	kit uulootʃu
baleinière (f)	кит уулоочу кеме	kit uulootʃu keme
harpon (m)	гарпун	garpun

134. Les jeux. Le billard

billard (m)	бильярд	biljard
salle (f) de billard	бильярдкана	biljardkana
bille (f) de billard	бильярд шары	biljard ʃarı
empocher une bille	шарды киргизүү	ʃardı kirgizyy
queue (f)	кий	kij
poche (f)	луза	luza

135. Les jeux de cartes

carreau (m)	момун	momun
pique (m)	карга	karga
cœur (m)	кызыл ача	kızıl atʃa
trèfle (m)	чырым	tʃırım
as (m)	туз	tuz
roi (m)	король	korolʲ
dame (f)	матке	matke
valet (m)	балта	balta
carte (f)	оюн картасы	ojʉn kartası
jeu (m) de cartes	карталар	kartalar
atout (m)	көзүр	køzyr
paquet (m) de cartes	колода	koloda
point (m)	очко	otʃko
distribuer (les cartes)	таратуу	taratuu
battre les cartes	аралаштыруу	aralaʃtıruu
tour (m) de jouer	жүрүү	dʒyryy
tricheur (m)	шумпай	ʃumpaj

136. Les loisirs. Les jeux

se promener (vp)	сейилдөө	sejildøø
promenade (f)	жөө сейилдөө	dʒøø sejildøø
promenade (f) (en voiture)	саякат	sajakat
aventure (f)	укмуштуу окуя	ukmuʃtuu okuja
pique-nique (m)	пикник	piknik
jeu (m)	оюн	ojʉn
joueur (m)	оюнчу	ojʉntʃu
partie (f) (~ de cartes, etc.)	партия	partija
collectionneur (m)	жыйнакчы	dʒıjnaktʃı
collectionner (vt)	жыйноо	dʒıjnoo
collection (f)	жыйнак	dʒıjnak
mots (m pl) croisés	кроссворд	krossvord
hippodrome (m)	ат майданы	at majdanı

discothèque (f)	дискотека	diskoteka
sauna (m)	сауна	sauna
loterie (f)	лотерея	lotereja

trekking (m)	жөө сапар	dʒøø sapar
camp (m)	лагерь	lagerʲ
tente (f)	чатыр	tʃatır
boussole (f)	компас	kompas
campeur (m)	турист	turist

regarder (la télé)	көрүү	køryy
téléspectateur (m)	телекөрүүчү	telekøryytʃy
émission (f) de télé	теле көрсөтүү	tele kørsøtyy

137. La photographie

| appareil (m) photo | фотоаппарат | fotoapparat |
| photo (f) | фото | foto |

photographe (m)	сүрөтчү	syrøttʃy
studio (m) de photo	фотостудия	fotostudija
album (m) de photos	фотоальбом	fotoalʲbom

objectif (m)	объектив	obʰjektiv
téléobjectif (m)	телеобъектив	teleobʰjektiv
filtre (m)	фильтр	filʲtr
lentille (f)	линза	linza

optique (f)	оптика	optika
diaphragme (m)	диафрагма	diafragma
temps (m) de pose	тушугуу	tuʃuguu
viseur (m)	көрүнүш табуучу	kørynyʃ tabuutʃu

appareil (m) photo numérique	санарип камерасы	sanarip kamerası
trépied (m)	үч бут	ytʃ but
flash (m)	жарк этүү	dʒark etyy

photographier (vt)	сүрөткө тартуу	syrøtkø tartuu
prendre en photo	тартуу	tartuu
se faire prendre en photo	сүрөткө түшүү	syrøtkø tyʃyy

mise (f) au point	фокус	fokus
mettre au point	фокусту оңдоо	fokustu oŋdoo
net (adj)	фокуста	fokusta
netteté (f)	даanalyк	daanalık

| contraste (m) | контраст | kontrast |
| contrasté (adj) | контрасттагы | kontrasttagı |

épreuve (f)	сүрөт	syrøt
négatif (m)	негатив	negativ
pellicule (f)	фотоплёнка	fotoplʲonka
image (f)	кадр	kadr
tirer (des photos)	басып чыгаруу	basıp tʃıgaruu

138. La plage. La baignade

plage (f)	суу жээги	suu dʒeegi
sable (m)	кум	kum
désert (plage ~e)	ээн суу жээги	een suu dʒeegi
bronzage (m)	күнгө күйүү	kyngø kyjyy
se bronzer (vp)	күнгө кактануу	kyngø kaktanuu
bronzé (adj)	күнгө күйгөн	kyngø kyjgøn
crème (f) solaire	күнгө күйүш үчүн крем	kyngø kyjyʃ ytʃyn krem
bikini (m)	бикини	bikini
maillot (m) de bain	купальник	kupalʲnik
slip (m) de bain	плавки	plavki
piscine (f)	бассейн	bassejn
nager (vi)	сүзүү	syzyy
douche (f)	душ	duʃ
se changer (vp)	кийим алмаштыруу	kijim almaʃtıruu
serviette (f)	сүлгү	sylgy
barque (f)	кайык	kajık
canot (m) à moteur	катер	kater
ski (m) nautique	суу чаңгысы	suu tʃaŋgısı
pédalo (m)	суу велосипеди	suu velosipedi
surf (m)	тактай тебүү	taktaj tebyy
surfeur (m)	тактай тебүүчү	taktaj tebyytʃy
scaphandre (m) autonome	акваланг	akvalang
palmes (f pl)	ласты	lastı
masque (m)	маска	maska
plongeur (m)	сууга сүңгүү	suuga syŋgyy
plonger (vi)	сүңгүү	syŋgyy
sous l'eau (adv)	суу астында	suu astında
parasol (m)	зонт	zont
chaise (f) longue	шезлонг	ʃezlong
lunettes (f pl) de soleil	көз айнек	køz ajnek
matelas (m) pneumatique	сүзүү үчүн матрас	syzyy ytʃyn matras
jouer (s'amuser)	ойноо	ojnoo
se baigner (vp)	сууга түшүү	suuga tyʃyy
ballon (m) de plage	топ	top
gonfler (vt)	үйлөө	yjløø
gonflable (adj)	үйлөнмө	yjlønmø
vague (f)	толкун	tolkun
bouée (f)	буй	buj
se noyer (vp)	чөгүү	tʃøgyy
sauver (vt)	куткаруу	kutkaruu
gilet (m) de sauvetage	куткаруучу күрмө	kutkaruutʃu kyrmø
observer (vt)	байкоо	bajkoo
maître nageur (m)	куткаруучу	kutkaruutʃu

LE MATÉRIEL TECHNIQUE. LES TRANSPORTS

Le matériel technique

139. L'informatique

ordinateur (m)	компьютер	kompjuter
PC (m) portable	ноутбук	noutbuk
allumer (vt)	күйгүзүү	kyjgyzyy
éteindre (vt)	өчүрүү	øtʃyryy
clavier (m)	ариптакта	ariptakta
touche (f)	баскыч	baskıtʃ
souris (f)	чычкан	tʃıtʃkan
tapis (m) de souris	килемче	kilemtʃe
bouton (m)	баскыч	baskıtʃ
curseur (m)	курсор	kursor
moniteur (m)	монитор	monitor
écran (m)	экран	ekran
disque (m) dur	катуу диск	katuu disk
capacité (f) du disque dur	катуу дисктин көлөмү	katuu disktin kølømy
mémoire (f)	эс тутум	es tutum
mémoire (f) vive	оперативдик эс тутум	operativdik es tutum
fichier (m)	файл	fajl
dossier (m)	папка	papka
ouvrir (vt)	ачуу	atʃuu
fermer (vt)	жабуу	dʒabuu
sauvegarder (vt)	сактоо	saktoo
supprimer (vt)	жок кылуу	dʒok kıluu
copier (vt)	көчүрүү	køtʃyryy
trier (vt)	иреттөө	irettøø
copier (vt)	өткөрүү	øtkøryy
programme (m)	программа	programma
logiciel (m)	программалык	programmalık
programmeur (m)	программист	programmist
programmer (vt)	программалаштыруу	programmalaʃtıruu
hacker (m)	хакер	χaker
mot (m) de passe	сырсөз	sırsøz
virus (m)	вирус	virus
découvrir (détecter)	издеп табуу	izdep tabuu
bit (m)	байт	bajt

mégabit (m)	мегабайт	megabajt
données (f pl)	маалыматтар	maalımattar
base (f) de données	маалымат базасы	maalımat bazası
câble (m)	кабель	kabelʲ
déconnecter (vt)	ажыратуу	adʒıratuu
connecter (vt)	туташтыруу	tutaʃtıruu

140. L'Internet. Le courrier électronique

Internet (m)	интернет	internet
navigateur (m)	браузер	brauzer
moteur (m) de recherche	издөө аспабы	izdøø aspabı
fournisseur (m) d'accès	провайдер	provajder
administrateur (m) de site	веб-мастер	web-master
site (m) web	веб-сайт	web-sajt
page (f) web	веб-баракча	web-baraktʃa
adresse (f)	дарек	darek
carnet (m) d'adresses	дарек китепчеси	darek kiteptʃesi
boîte (f) de réception	почта ящиги	potʃta jaʃtʃigi
courrier (m)	почта	potʃta
pleine (adj)	толуп калган	tolup kalgan
message (m)	кабар	kabar
messages (pl) entrants	келген кабарлар	kelgen kabarlar
messages (pl) sortants	жөнөтүлгөн кабарлар	dʒønøtylgøn kabarlar
expéditeur (m)	жөнөтүүчү	dʒønøtyytʃy
envoyer (vt)	жөнөтүү	dʒønøtyy
envoi (m)	жөнөтүү	dʒønøtyy
destinataire (m)	алуучу	aluutʃu
recevoir (vt)	алуу	aluu
correspondance (f)	жазышуу	dʒazıʃuu
être en correspondance	жазышуу	dʒazıʃuu
fichier (m)	файл	fajl
télécharger (vt)	жүктөө	dʒyktøø
créer (vt)	жаратуу	dʒaratuu
supprimer (vt)	жок кылуу	dʒok kıluu
supprimé (adj)	жок кылынган	dʒok kılıngan
connexion (f) (ADSL, etc.)	байланыш	bajlanıʃ
vitesse (f)	ылдамдык	ıldamdık
modem (m)	модем	modem
accès (m)	жеткирилүү	dʒetkirilyy
port (m)	порт	port
connexion (f) (établir la ~)	туташуу	tutaʃuu
se connecter à ...	... туташуу	... tutaʃuu

sélectionner (vt)	**тандоо**	tandoo
rechercher (vt)	**... издөө**	... izdøø

Les transports

141. L'avion

avion (m)	учак	utʃak
billet (m) d'avion	авиабилет	aviabilet
compagnie (f) aérienne	авиакомпания	aviakompanija
aéroport (m)	аэропорт	aeroport
supersonique (adj)	сверхзвуковой	sverχzvukovoj
commandant (m) de bord	кеме командири	keme komandiri
équipage (m)	экипаж	ekipadʒ
pilote (m)	учкуч	utʃkutʃ
hôtesse (f) de l'air	стюардесса	stɥardessa
navigateur (m)	штурман	ʃturman
ailes (f pl)	канаттар	kanattar
queue (f)	куйрук	kujruk
cabine (f)	кабина	kabina
moteur (m)	кыймылдаткыч	kɯjmɯldatkɯtʃ
train (m) d'atterrissage	шасси	ʃassi
turbine (f)	турбина	turbina
hélice (f)	пропеллер	propeller
boîte (f) noire	кара куту	kara kutu
gouvernail (m)	штурвал	ʃturval
carburant (m)	күйгүчү май	kyjyytʃy may
consigne (f) de sécurité	коопсуздук көрсөтмөсү	koopsuzduk kørsøtmøsy
masque (m) à oxygène	кислород чүмбөтү	kislorod tʃymbøty
uniforme (m)	бир беткей кийим	bir betkey kijim
gilet (m) de sauvetage	куткаруучу күрмө	kutkaruutʃu kyrmø
parachute (m)	парашют	paraʃɥt
décollage (m)	учуп көтөрүлүү	utʃup køtørylyy
décoller (vi)	учуп көтөрүлүү	utʃup køtørylyy
piste (f) de décollage	учуп чыгуу тилкеси	utʃup tʃɯguu tilkesi
visibilité (f)	көрүнүш	kørynyʃ
vol (m) (~ d'oiseau)	учуу	utʃuu
altitude (f)	бийиктик	bijiktik
trou (m) d'air	аба чуңкуру	aba tʃɯŋkuru
place (f)	орун	orun
écouteurs (m pl)	кулакчын	kulaktʃɯn
tablette (f)	бүктөлмө стол	byktølmø stol
hublot (m)	иллюминатор	illɥminator
couloir (m)	өтмөк	øtmøk

142. Le train

train (m)	поезд	poezd
train (m) de banlieue	электричка	elektritʃka
TGV (m)	бат жүрүүчү поезд	bat dʒyryytʃy poezd
locomotive (f) diesel	тепловоз	teplovoz
locomotive (f) à vapeur	паровоз	parovoz
wagon (m)	вагон	vagon
wagon-restaurant (m)	вагон-ресторан	vagon-restoran
rails (m pl)	рельсалар	relʲsalar
chemin (m) de fer	темир жолу	temir dʒolu
traverse (f)	шпала	ʃpala
quai (m)	платформа	platforma
voie (f)	жол	dʒol
sémaphore (m)	семафор	semafor
station (f)	бекет	beket
conducteur (m) de train	машинист	maʃinist
porteur (m)	жук ташуучу	dʒuk taʃuutʃu
steward (m)	проводник	provodnik
passager (m)	жүргүнчү	dʒyrgyntʃy
contrôleur (m) de billets	текшерүүчү	tekʃeryytʃy
couloir (m)	коридор	koridor
frein (m) d'urgence	стоп-кран	stop-kran
compartiment (m)	купе	kupe
couchette (f)	текче	tektʃe
couchette (f) d'en haut	үстүңкү текче	ystyŋky tektʃe
couchette (f) d'en bas	ылдыйкы текче	ıldıjkı tektʃe
linge (m) de lit	жууркан-төшөк	dʒuurkan-tøʃøk
ticket (m)	билет	bilet
horaire (m)	ырааттама	ıraattama
tableau (m) d'informations	табло	tablo
partir (vi)	жөнөө	dʒønøø
départ (m) (du train)	жөнөө	dʒønøø
arriver (le train)	келүү	kelyy
arrivée (f)	келүү	kelyy
arriver en train	поезд менен келүү	poezd menen kelyy
prendre le train	поездге отуруу	poezdge oturuu
descendre du train	поездден түшүү	poezdden tyʃyy
accident (m) ferroviaire	кыйроо	kıjroo
dérailler (vi)	рельсадан чыгып кетүү	relʲsadan tʃıgıp ketyy
locomotive (f) à vapeur	паровоз	parovoz
chauffeur (m)	от жагуучу	ot dʒaguutʃu
chauffe (f)	меш	meʃ
charbon (m)	көмүр	kømyr

143. Le bateau

bateau (m)	кеме	keme
navire (m)	кеме	keme
bateau (m) à vapeur	пароход	paroχod
paquebot (m)	теплоход	teploχod
bateau (m) de croisière	лайнер	lajner
croiseur (m)	крейсер	krejser
yacht (m)	яхта	jaχta
remorqueur (m)	буксир	buksir
péniche (f)	баржа	bardʒa
ferry (m)	паром	parom
voilier (m)	парус	parus
brigantin (m)	бригантина	brigantina
brise-glace (m)	муз жаргыч кеме	muz dʒargıtʃ keme
sous-marin (m)	суу астында жүрүүчү кеме	suu astında dʒyryytʃy keme
canot (m) à rames	кайык	kajık
dinghy (m)	шлюпка	ʃlʉpka
canot (m) de sauvetage	куткаруу шлюпкасы	kutkaruu ʃlʉpkası
canot (m) à moteur	катер	kater
capitaine (m)	капитан	kapitan
matelot (m)	матрос	matros
marin (m)	деңизчи	deŋiztʃi
équipage (m)	экипаж	ekipadʒ
maître (m) d'équipage	боцман	botsman
mousse (m)	юнга	jʉnga
cuisinier (m) du bord	кок	kok
médecin (m) de bord	кеме доктуру	keme dokturu
pont (m)	палуба	paluba
mât (m)	мачта	matʃta
voile (f)	парус	parus
cale (f)	трюм	trʉm
proue (f)	тумшук	tumʃuk
poupe (f)	кеменин арткы бөлүгү	kemenin artkı bølygy
rame (f)	калак	kalak
hélice (f)	винт	vint
cabine (f)	каюта	kajʉta
carré (m) des officiers	кают-компания	kajʉt-kompanija
salle (f) des machines	машина бөлүгү	maʃina bølygy
passerelle (f)	капитан мостиги	kapitan mostigi
cabine (f) de T.S.F.	радиорубка	radiorubka
onde (f)	толкун	tolkun
journal (m) de bord	кеме журналы	keme dʒurnalı
longue-vue (f)	дүрбү	dyrby

cloche (f)	коңгуроо	konguroo
pavillon (m)	байрак	bajrak
grosse corde (f) tressée	аркан	arkan
nœud (m) marin	түйүн	tyjyn
rampe (f)	туткуч	tutkutʃ
passerelle (f)	трап	trap
ancre (f)	кеме казык	keme kazık
lever l'ancre	кеме казыкты көтөрүү	keme kazıktı kötöryy
jeter l'ancre	кеме казыкты таштоо	keme kazıktı taʃtoo
chaîne (f) d'ancrage	казык чынжыры	kazık tʃindʒırı
port (m)	порт	port
embarcadère (m)	причал	pritʃal
accoster (vi)	келип токтоо	kelip toktoo
larguer les amarres	жээктен алыстоо	dʒeekten alıstoo
voyage (m) (à l'étranger)	саякат	sajakat
croisière (f)	деңиз саякаты	deŋiz sajakatı
cap (m) (suivre un ~)	курс	kurs
itinéraire (m)	каттам	kattam
chenal (m)	фарватер	farvater
bas-fond (m)	тайыз жер	tajız dʒer
échouer sur un bas-fond	тайыз жерге отуруу	tajız dʒerge oturuu
tempête (f)	бороон чапкын	boroon tʃapkın
signal (m)	сигнал	signal
sombrer (vi)	чөгүү	tʃögyy
Un homme à la mer!	Сууда адам бар!	suuda adam bar!
SOS (m)	SOS	sos
bouée (f) de sauvetage	куткаруучу тегерек	kutkaruutʃu tegerek

144. L'aéroport

aéroport (m)	аэропорт	aeroport
avion (m)	учак	utʃak
compagnie (f) aérienne	авиакомпания	aviakompanija
contrôleur (m) aérien	авиадиспетчер	aviadispettʃer
départ (m)	учуп кетүү	utʃup ketyy
arrivée (f)	учуп келүү	utʃup kelyy
arriver (par avion)	учуп келүү	utʃup kelyy
temps (m) de départ	учуп кетүү убактысы	utʃup ketyy ubaktısı
temps (m) d'arrivée	учуп келүү убактысы	utʃup kelyy ubaktısı
être retardé	кармалуу	karmaluu
retard (m) de l'avion	учуп кетүүнүн кечигиши	utʃup ketyynyn ketʃigiʃi
tableau (m) d'informations	маалымат таблосу	maalımat tablosu
information (f)	маалымат	maalımat

| annoncer (vt) | кулактандыруу | kulaktandıruu |
| vol (m) | рейс | rejs |

| douane (f) | бажыкана | badʒıkana |
| douanier (m) | бажы кызматкери | badʒı kızmatkeri |

déclaration (f) de douane	бажы декларациясы	badʒı deklaratsijası
remplir (vt)	толтуруу	tolturuu
remplir la déclaration	декларация толтуруу	deklaratsija tolturuu
contrôle (m) de passeport	паспорт текшерүү	pasport tekʃeryy

bagage (m)	жүк	dʒyk
bagage (m) à main	кол жүгү	kol dʒygy
chariot (m)	араба	araba

atterrissage (m)	конуу	konuu
piste (f) d'atterrissage	конуу тилкеси	konuu tilkesi
atterrir (vi)	конуу	konuu
escalier (m) d'avion	трап	trap

enregistrement (m)	катталуу	kattaluu
comptoir (m) d'enregistrement	каттоо стойкасы	kattoo stojkası
s'enregistrer (vp)	катталуу	kattaluu
carte (f) d'embarquement	отуруу үчүн талон	oturuu ytʃyn talon
porte (f) d'embarquement	чыгуу	tʃıguu

transit (m)	транзит	tranzit
attendre (vt)	күтүү	kytyy
salle (f) d'attente	күтүү залы	kutyy zalı
raccompagner (à l'aéroport, etc.)	узатуу	uzatuu
dire au revoir	коштошуу	koʃtoʃuu

145. Le vélo. La moto

vélo (m)	велосипед	velosiped
scooter (m)	мотороллер	motoroller
moto (f)	мотоцикл	mototsikl

faire du vélo	велосипедде жүрүү	velosipedde dʒyryy
guidon (m)	руль	rulʲ
pédale (f)	педаль	pedalʲ
freins (m pl)	тормоз	tormoz
selle (f)	отургуч	oturgutʃ

pompe (f)	соркыскыч	sorkıskıtʃ
porte-bagages (m)	багажник	bagadʒnik
phare (m)	фонарь	fonarʲ
casque (m)	шлем	ʃlem

roue (f)	дөңгөлөк	døŋgøløk
garde-boue (m)	калкан	kalkan
jante (f)	дөңгөлөктүн алкагы	døŋgøløktyn alkagı
rayon (m)	чабак	tʃabak

La voiture

146. Les différents types de voiture

automobile (f)	автоунаа	avtounaa
voiture (f) de sport	спорттук автоунаа	sporttuk avtounaa
limousine (f)	лимузин	limuzin
tout-terrain (m)	жолтандабас	dʒoltandabas
cabriolet (m)	кабриолет	kabriolet
minibus (m)	микроавтобус	mikroavtobus
ambulance (f)	тез жардам	tez dʒardam
chasse-neige (m)	кар күрөөчү машина	kar kyrøøʧy maʃina
camion (m)	жүк ташуучу машина	dʒyk taʃuuʧu maʃina
camion-citerne (m)	бензовоз	benzovoz
fourgon (m)	фургон	furgon
tracteur (m) routier	тягач	tⁱagaʧ
remorque (f)	чиркегич	ʧirkegiʧ
confortable (adj)	жайлуу	dʒajluu
d'occasion (adj)	колдонулган	koldonulgan

147. La voiture. La carrosserie

capot (m)	капот	kapot
aile (f)	калкан	kalkan
toit (m)	үстү	ysty
pare-brise (m)	шамалдан тоскон айнек	ʃamaldan toskon ajnek
rétroviseur (m)	арткы күзгү	artkı kyzgy
lave-glace (m)	айнек жуугуч	ajnek dʒuuguʧ
essuie-glace (m)	щётка	ʃʧⁱotka
fenêtre (f) latéral	каптал айнек	kaptal ajnek
lève-glace (m)	айнек көтөргүч	ajnek køtørgyʧ
antenne (f)	антенна	antenna
toit (m) ouvrant	люк	lʉk
pare-chocs (m)	бампер	bamper
coffre (m)	жүк салгыч	dʒyk salgıʧ
galerie (f) de toit	жүк салгыч	dʒyk salgıʧ
portière (f)	эшик	eʃik
poignée (f)	кармагыч	karmagıʧ
serrure (f)	кулпу	kulpu
plaque (f) d'immatriculation	номер	nomer
silencieux (m)	глушитель	gluʃitelʲ

réservoir (m) d'essence	бензобак	benzobak
pot (m) d'échappement	калдыктар түтүгү	kaldıktar tytygy
accélérateur (m)	газ	gaz
pédale (f)	педаль	pedalj
pédale (f) d'accélérateur	газ педали	gaz pedali
frein (m)	тормоз	tormoz
pédale (f) de frein	тормоздун педалы	tormozdun pedalı
freiner (vi)	тормоз басуу	tormoz basuu
frein (m) à main	токтомо тормозу	toktomo tormozu
embrayage (m)	илиштирүү	iliʃtiryy
pédale (f) d'embrayage	илиштирүү педали	iliʃtiryy pedali
disque (m) d'embrayage	илиштирүү диски	iliʃtiryy diski
amortisseur (m)	амортизатор	amortizator
roue (f)	дөңгөлөк	døŋgøløk
roue (f) de rechange	запас дөңгөлөгү	zapas døŋgøløgy
pneu (m)	покрышка	pokrıʃka
enjoliveur (m)	жапкыч	dʒapkıtʃ
roues (f pl) motrices	салма дөңгөлөктөр	salma døŋgøløktør
à traction avant	алдыңкы дөңгөлөк салмалуу	aldıŋkı døŋgøløk salmaluu
à traction arrière	аркы дөңгөлөк салмалуу	artkı døŋgøløk salmaluu
à traction intégrale	бардык дөңгөлөк салмалуу	bardık døŋgøløk salmaluu
boîte (f) de vitesses	бергилик куту	bergilik kutu
automatique (adj)	автоматтык	avtomattık
mécanique (adj)	механикалуу	meχanikaluu
levier (m) de vitesse	бергилик кутунун жылышуусу	bergilik kutunun dʒılıʃuusu
phare (m)	фара	fara
feux (m pl)	фаралар	faralar
feux (m pl) de croisement	жакынкы чырак	dʒakınkı tʃırak
feux (m pl) de route	алыскы чырак	alıskı tʃırak
feux (m pl) stop	стоп-сигнал	stop-signal
feux (m pl) de position	габарит чырактары	gabarit tʃıraktarı
feux (m pl) de détresse	авария чырактары	avarija tʃıraktarı
feux (m pl) de brouillard	туманга каршы чырактар	tumanga karʃı tʃıraktar
clignotant (m)	бурулуш чырагы	buruluʃ tʃıragı
feux (m pl) de recul	аркы чырак	artkı tʃırak

148. La voiture. L'habitacle

habitacle (m)	салон	salon
en cuir (adj)	тери	teri
en velours (adj)	велюр	velɯr
revêtement (m)	каптоо	kaptoo

instrument (m)	алет	alet
tableau (m) de bord	алет панели	alet paneli
indicateur (m) de vitesse	спидометр	spidometr
aiguille (f)	жебе	dʒebe
compteur (m) de kilomètres	эсептегич	eseptegitʃ
indicateur (m)	көрсөткүч	kørsøtkytʃ
niveau (m)	деңгээл	dengeel
témoin (m)	көрсөткүч	kørsøtkytʃ
volant (m)	руль	rulʲ
klaxon (m)	сигнал	signal
bouton (m)	баскыч	baskıtʃ
interrupteur (m)	которгуч	kotorgutʃ
siège (m)	орун	orun
dossier (m)	жөлөнгүч	dʒøløngytʃ
appui-tête (m)	баш жөлөгүч	baʃ dʒøløgytʃ
ceinture (f) de sécurité	орундук куру	orunduk kuru
mettre la ceinture	курду тагынуу	kurdu tagınuu
réglage (m)	жөндөө	dʒøndøø
airbag (m)	аба жаздыкчасы	aba dʒazdıktʃası
climatiseur (m)	аба желдеткич	aba dʒeldetkitʃ
radio (f)	үналгы	ynalgı
lecteur (m) de CD	CD-ойноткуч	sidi-ojnotkutʃ
allumer (vt)	жүргүзүү	dʒyrgyzyy
antenne (f)	антенна	antenna
boîte (f) à gants	колкап бөлүмү	kolkap bølymy
cendrier (m)	күл салгыч	kyl salgıtʃ

149. La voiture. Le moteur

moteur (m)	кыймылдаткыч	kıjmıldatkıtʃ
moteur (m)	мотор	motor
diesel (adj)	дизель менен	dizelʲ menen
à essence (adj)	бензин менен	benzin menen
capacité (f) du moteur	кыймылдаткычтын көлөмү	kıjmıldatkıtʃtın kølømy
puissance (f)	кубатуулугу	kubatuulugu
cheval-vapeur (m)	ат күчү	at kytʃy
piston (m)	бишкек	biʃkek
cylindre (m)	цилиндр	tsilindr
soupape (f)	сарпкапкак	sarpkapkak
injecteur (m)	бүрккүч	byrkkytʃ
générateur (m)	генератор	generator
carburateur (m)	карбюратор	karbʉrator
huile (f) moteur	мотор майы	motor majı
radiateur (m)	радиатор	radiator
liquide (m) de refroidissement	суутуучу суюктук	suutuutʃu sujʉktuk

ventilateur (m)	желдеткич	dʒeldetkitʃ
batterie (f)	аккумулятор	akkumulʲator
starter (m)	стартер	starter
allumage (m)	от алдыруу	ot aldıruu
bougie (f) d'allumage	от алдыруу шамы	ot aldıruu ʃamı

borne (f)	клемма	klemma
borne (f) positive	плюс	plʉs
borne (f) négative	минус	minus
fusible (m)	эриме сактагыч	erime saktagıtʃ

filtre (m) à air	аба чыпкасы	aba tʃıpkası
filtre (m) à huile	май чыпкасы	maj tʃıpkası
filtre (m) à essence	күйүүчү май чыпкасы	kyjyytʃy may tʃıpkası

150. La voiture. La réparation

accident (m) de voiture	авто урунушу	avto urunuʃu
accident (m) de route	жол кырсыгы	dʒol kırsıgı
percuter contre …	урунуу	urunuu
s'écraser (vp)	талкалануу	talkalanuu
dégât (m)	бузулуу	buzuluu
intact (adj)	бүтүн	bytyn

panne (f)	бузулуу	buzuluu
tomber en panne	бузулуп калуу	buzulup kaluu
corde (f) de remorquage	сүйрөө арканы	syjrøø arkanı

crevaison (f)	тешилип калуу	teʃilip kaluu
crever (vi) (pneu)	желин чыгаруу	dʒelin tʃıgaruu
gonfler (vt)	үйлөтүү	yjløtyy
pression (f)	басым	basım
vérifier (vt)	текшерүү	tekʃeryy

réparation (f)	оңдоо	oŋdoo
garage (m) (atelier)	автосервис	avtoservis
pièce (f) détachée	белен тетик	belen tetik
pièce (f)	тетик	tetik

boulon (m)	буроо	buroo
vis (f)	буралма	buralma
écrou (m)	бурама	burama
rondelle (f)	эбелек	ebelek
palier (m)	мунакжаздам	munakdʒazdam

tuyau (m)	түтүк	tytyk
joint (m)	төшөм	tøʃøm
fil (m)	зым	zım

cric (m)	домкрат	domkrat
clé (f) de serrage	гайка ачкычы	gajka atʃkıtʃı
marteau (m)	балка	balka
pompe (f)	соркыскыч	sorkıskıtʃ
tournevis (m)	бурагыч	buragıtʃ

| extincteur (m) | өрт өчүргүч | ørt øtʃyrgytʃ |
| triangle (m) de signalisation | эскертүү үчбурчтук | eskertyy ytʃburtʃtuk |

caler (vi)	өчүп калуу	øtʃyp kaluu
calage (m)	иштебей калуу	iʃtebej kaluu
être en panne	бузулуп калуу	buzulup kaluu

surchauffer (vi)	кайнап кетүү	kajnap ketyy
se boucher (vp)	тыгылуу	tıgıluu
geler (vi)	тоңуп калуу	toŋup kaluu
éclater (tuyau, etc.)	жарылып кетүү	dʒarılıp ketyy

pression (f)	басым	basım
niveau (m)	деңгээл	deŋgeel
lâche (courroie ~)	бош	boʃ

fosse (f)	кабырылуу	kabırıluu
bruit (m) anormal	такылдоо	takıldoo
fissure (f)	жарака	dʒaraka
égratignure (f)	чийилип калуу	tʃijilip kaluu

151. La voiture. La route

route (f)	жол	dʒol
grande route (autoroute)	кан жол	kan dʒol
autoroute (f)	шоссе	ʃosse
direction (f)	багыт	bagıt
distance (f)	аралык	aralık

pont (m)	көпүрө	køpyrø
parking (m)	унаа токтоочу жай	unaa toktootʃu dʒaj
place (f)	аянт	ajant
échangeur (m)	баштан өйдө өткөн жол	baʃtan øjdø øtkøn dʒol
tunnel (m)	тоннель	tonnelʲ

station-service (f)	май куюучу станция	maj kujʉutʃu stantsija
parking (m)	унаа токтоочу жай	unaa toktootʃu dʒaj
poste (m) d'essence	колонка	kolonka
garage (m) (atelier)	автосервис	avtoservis
se ravitailler (vp)	май куюу	maj kujʉu
carburant (m)	күйүүчү май	kyjyytʃy may
jerrycan (m)	канистра	kanistra

asphalte (m)	асфальт	asfalʲt
marquage (m)	салынган тамга	salıngan tamga
bordure (f)	бордюр	bordʉr
barrière (f) de sécurité	тосмо	tosmo
fossé (m)	арык	arık
bas-côté (m)	жол чети	dʒol tʃeti
réverbère (m)	чырак мамы	tʃırak mamı

conduire (une voiture)	айдоо	ajdoo
tourner (~ à gauche)	бурулуу	buruluu
faire un demi-tour	артка кайтуу	artka kajtuu

marche (f) arrière	артка айдоо	artka ajdoo
klaxonner (vi)	сигнал берүү	signal beryy
coup (m) de klaxon	дабыш сигналы	dabıʃ signalı
s'embourber (vp)	тыгылып калуу	tıgılıp kaluu
déraper (vi)	сүйрөө	syjrøø
couper (le moteur)	басаңдатуу	basaŋdatuu
vitesse (f)	ылдамдык	ıldamdık
dépasser la vitesse	ылдамдыктан ашуу	ıldamdıktan aʃuu
mettre une amende	айып салуу	ajıp saluu
feux (m pl) de circulation	светофор	svetofor
permis (m) de conduire	айдоочу күбөлүгү	ajdootʃu kybølygy
passage (m) à niveau	кесип өтмө	kesip øtmø
carrefour (m)	кесилиш	kesiliʃ
passage (m) piéton	жөө жүрүүчүлөр жолу	dʒøø dʒyryytʃylør dʒolu
virage (m)	бурулуш	buruluʃ
zone (f) piétonne	жөө жүрүүчүлөр алкагы	dʒøø dʒyryytʃylør alkagı

LES GENS. LES ÉVÉNEMENTS

Les grands événements de la vie

152. Les fêtes et les événements

fête (f)	майрам	majram
fête (f) nationale	улуттук	uluttuk
jour (m) férié	майрам күнү	majram kyny
fêter (vt)	майрамдоо	majramdoo
événement (m) (~ du jour)	окуя	okuja
événement (m) (soirée, etc.)	иш-чара	iʃ-tʃara
banquet (m)	банкет	banket
réception (f)	кабыл алуу	kabıl aluu
festin (m)	той	toj
anniversaire (m)	жылдык	dʒıldık
jubilé (m)	юбилей	jʉbilej
célébrer (vt)	белгилөө	belgiløø
Nouvel An (m)	Жаны жыл	dʒanı dʒıl
Bonne année!	Жаны Жылыңар менен!	dʒanı dʒılıŋar menen!
Père Noël (m)	Аяз ата, Санта Клаус	ajaz ata, santa klaus
Noël (m)	Рождество	rodʒdestvo
Joyeux Noël!	Рождество майрамыңыз менен!	rodʒdestvo majramıŋız menen!
arbre (m) de Noël	Жаңы жылдык балаты	dʒaŋı dʒıldık balatı
feux (m pl) d'artifice	салют	salʉt
mariage (m)	үйлөнүү той	yjlønyy toy
fiancé (m)	күйөө	kyjøø
fiancée (f)	колукту	koluktu
inviter (vt)	чакыруу	tʃakıruu
lettre (f) d'invitation	чакыруу	tʃakıruu
invité (m)	конок	konok
visiter (~ les amis)	конокко баруу	konokko baruu
accueillir les invités	конок тосуу	konok tosuu
cadeau (m)	белек	belek
offrir (un cadeau)	белек берүү	belek beryy
recevoir des cadeaux	белек алуу	belek aluu
bouquet (m)	десте	deste
félicitations (f pl)	куттуктоо	kuttuktoo
féliciter (vt)	куттуктоо	kuttuktoo

carte (f) de veux	куттуктоо ачык каты	kuttuktoo atʃık katı
envoyer une carte	ачык катты жөнөтүү	atʃık kattı dʒønøtyy
recevoir une carte	ачык катты алуу	atʃık kattı aluu

toast (m)	каалоо тилек	kaaloo tilek
offrir (un verre, etc.)	ооз тийгизүү	ooz tijgizyy
champagne (m)	шампан	ʃampan

s'amuser (vp)	көңүл ачуу	kønyl atʃuu
gaieté (f)	көңүлдүүлүк	kønyldyylyk
joie (f) (émotion)	кубаныч	kubanıtʃ

| danse (f) | бий | bij |
| danser (vi, vt) | бийлөө | bijløø |

| valse (f) | вальс | valʲs |
| tango (m) | танго | tango |

153. L'enterrement. Le deuil

cimetière (m)	мүрзө	myrzø
tombe (f)	мүрзө	myrzø
croix (f)	крест	krest
pierre (f) tombale	мүрзө үстүндөгү жазуу	myrzø ystyndøgy dʒazuu
clôture (f)	тосмо	tosmo
chapelle (f)	кичинекей чиркөө	kitʃinekej tʃirkøø

mort (f)	өлүм	ølym
mourir (vi)	өлүү	ølyy
défunt (m)	маркум	markum
deuil (m)	аза	aza

enterrer (vt)	көмүү	kømyy
maison (f) funéraire	ырасым бюросу	ırasım bʉrosu
enterrement (m)	сөөк узатуу жана көмүү	søøk uzatuu dʒana kømyy
couronne (f)	гүлчамбар	gyltʃambar
cercueil (m)	табыт	tabıt
corbillard (m)	катафалк	katafalk
linceul (m)	кепин	kepin

cortège (m) funèbre	узатуу жүрүшү	uzatuu dʒyryʃy
urne (f) funéraire	сөөк күлдүн кутусу	søøk kyldyn kutusu
crématoire (m)	крематорий	krematorij

nécrologue (m)	некролог	nekrolog
pleurer (vi)	ыйлоо	ıjloo
sangloter (vi)	боздоп ыйлоо	bozdop ıjloo

154. La guerre. Les soldats

| section (f) | взвод | vzvod |
| compagnie (f) | рота | rota |

régiment (m)	полк	polk
armée (f)	армия	armija
division (f)	дивизия	divizija
détachement (m)	отряд	otrⁱad
armée (f) (Moyen Âge)	куралдуу аскер	kuralduu asker
soldat (m) (un militaire)	аскер	asker
officier (m)	офицер	ofitser
soldat (m) (grade)	катардагы жоокер	katardagı dʒooker
sergent (m)	сержант	serdʒant
lieutenant (m)	лейтенант	lejtenant
capitaine (m)	капитан	kapitan
commandant (m)	майор	major
colonel (m)	полковник	polkovnik
général (m)	генерал	general
marin (m)	деңизчи	deŋiztʃi
capitaine (m)	капитан	kapitan
maître (m) d'équipage	боцман	botsman
artilleur (m)	артиллерист	artillerist
parachutiste (m)	десантник	desantnik
pilote (m)	учкуч	utʃkutʃ
navigateur (m)	штурман	ʃturman
mécanicien (m)	механик	meχanik
démineur (m)	сапёр	sapⁱor
parachutiste (m)	парашютист	paraʃutist
éclaireur (m)	чалгынчы	tʃalgıntʃı
tireur (m) d'élite	көзатар	køzatar
patrouille (f)	жол-күзөт	dʒol-kyzøt
patrouiller (vi)	жол-күзөткө чыгуу	dʒol-kyzøtkø tʃıguu
sentinelle (f)	сакчы	saktʃı
guerrier (m)	жоокер	dʒooker
patriote (m)	мекенчил	mekentʃil
héros (m)	баатыр	baatır
héroïne (f)	баатыр айым	baatır ajım
traître (m)	чыккынчы	tʃıkkıntʃı
trahir (vt)	кыянаттык кылуу	kıjanattık kıluu
déserteur (m)	качкын	katʃkın
déserter (vt)	качуу	katʃuu
mercenaire (m)	жалданма	dʒaldanma
recrue (f)	жаңы алынган аскер	dʒaŋı alıngan asker
volontaire (m)	ыктыярчы	ıktıjartʃı
mort (m)	өлтүрүлгөн	øltyrylgøn
blessé (m)	жарадар	dʒaradar
prisonnier (m) de guerre	туткун	tutkun

155. La guerre. Partie 1

guerre (f)	согуш	soguʃ
faire la guerre	согушуу	soguʃuu
guerre (f) civile	жарандык согуш	dʒarandık soguʃ
perfidement (adv)	жүзү каралык менен кол салуу	dʒyzy karalık menen kol saluu
déclaration (f) de guerre	согушту жарыялоо	soguʃtu dʒarıjaloo
déclarer (la guerre)	согуш жарыялоо	soguʃ dʒarıjaloo
agression (f)	агрессия	agressija
attaquer (~ un pays)	кол салуу	kol saluu
envahir (vt)	басып алуу	basıp aluu
envahisseur (m)	баскынчы	baskıntʃı
conquérant (m)	басып алуучу	basıp aluutʃu
défense (f)	коргонуу	korgonuu
défendre (vt)	коргоо	korgoo
se défendre (vp)	коргонуу	korgonuu
ennemi (m)	душман	duʃman
adversaire (m)	каршылаш	karʃilaʃ
ennemi (adj) (territoire ~)	душмандын	duʃmandın
stratégie (f)	стратегия	strategija
tactique (f)	тактика	taktika
ordre (m)	буйрук	bujruk
commande (f)	команда	komanda
ordonner (vt)	буйрук берүү	bujruk beryy
mission (f)	тапшырма	tapʃırma
secret (adj)	жашыруун	dʒaʃiruun
bataille (f)	салгылаш	salgılaʃ
bataille (f)	согуш	soguʃ
combat (m)	салгылаш	salgılaʃ
attaque (f)	чабуул	tʃabuul
assaut (m)	чабуул	tʃabuul
prendre d'assaut	чабуул жасоо	tʃabuul dʒasoo
siège (m)	тегеректеп курчоо	tegerektep kurtʃoo
offensive (f)	чабуул	tʃabuul
passer à l'offensive	чабуул салуу	tʃabuul saluu
retraite (f)	чегинүү	tʃeginyy
faire retraite	чегинүү	tʃeginyy
encerclement (m)	курчоо	kurtʃoo
encercler (vt)	курчоого алуу	kurtʃoogo aluu
bombardement (m)	бомба жаадыруу	bomba dʒaadıruu
lancer une bombe	бомба таштоо	bomba taʃtoo
bombarder (vt)	бомба жаадыруу	bomba dʒaadıruu

explosion (f)	жарылуу	dʒarıluu
coup (m) de feu	атылуу	atıluu
tirer un coup de feu	атуу	atuu
fusillade (f)	атуу	atuu
viser … (cible)	мээлөө	meeløø
pointer (sur …)	мээлөө	meeløø
atteindre (cible)	тийүү	tijyy
faire sombrer	чөктүрүү	tʃøktyryy
trou (m) (dans un bateau)	тешик	teʃik
sombrer (navire)	суу астына кетүү	suu astına ketyy
front (m)	майдан	majdan
évacuation (f)	эвакуация	evakuatsija
évacuer (vt)	эвакуациялоо	evakuatsijaloo
tranchée (f)	окоп	okop
barbelés (m pl)	тикендүү зым	tikendyy zım
barrage (m) (~ antichar)	тосмо	tosmo
tour (f) de guet	мунара	munara
hôpital (m)	госпиталь	gospitalʲ
blesser (vt)	жарадар кылуу	dʒaradar kıluu
blessure (f)	жара	dʒara
blessé (m)	жарадар	dʒaradar
être blessé	жаракат алуу	dʒarakat aluu
grave (blessure)	оор жаракат	oor dʒarakat

156. Les armes

arme (f)	курал	kural
armes (f pl) à feu	курал жарак	kural dʒarak
armes (f pl) blanches	атылбас курал	atılbas kural
arme (f) chimique	химиялык курал	χimijalık kural
nucléaire (adj)	ядерлүү	jaderlyy
arme (f) nucléaire	ядерлүү курал	jaderlyy kural
bombe (f)	бомба	bomba
bombe (f) atomique	атом бомбасы	atom bombası
pistolet (m)	тапанча	tapantʃa
fusil (m)	мылтык	mıltık
mitraillette (f)	автомат	avtomat
mitrailleuse (f)	пулемёт	pulemʲot
bouche (f)	мылтыктын оозу	mıltıktın oozu
canon (m)	ствол	stvol
calibre (m)	калибр	kalibr
gâchette (f)	курок	kurok
mire (f)	кароолго алуу	karoolgo aluu
magasin (m)	магазин	magazin

crosse (f)	кундак	kyndak
grenade (f) à main	граната	granata
explosif (m)	жарылуучу зат	dʒarıluutʃu zat

balle (f)	ок	ok
cartouche (f)	патрон	patron
charge (f)	дүрмөк	dyrmøk
munitions (f pl)	ок-дары	ok-darı

bombardier (m)	бомбалоочу	bombalootʃu
avion (m) de chasse	кыйраткыч учак	kıjratkıtʃ utʃak
hélicoptère (m)	вертолёт	vertoliot

pièce (f) de D.C.A.	зенитка	zenitka
char (m)	танк	tank
canon (m) d'un char	замбирек	zambirek

artillerie (f)	артиллерия	artillerija
canon (m)	замбирек	zambirek
pointer (~ l'arme)	мээлөө	meeløø

obus (m)	снаряд	snariad
obus (m) de mortier	мина	mina
mortier (m)	миномёт	minomiot
éclat (m) d'obus	сыныктар	sınıktar

| sous-marin (m) | суу астында жүрүүчү кеме | suu astında dʒyryytʃy keme |

| torpille (f) | торпеда | torpeda |
| missile (m) | ракета | raketa |

charger (arme)	октоо	oktoo
tirer (vi)	атуу	atuu
viser ... (cible)	мээлөө	meeløø
baïonnette (f)	найза	najza

épée (f)	шпага	ʃpaga
sabre (m)	кылыч	kılıtʃ
lance (f)	найза	najza
arc (m)	жаа	dʒaa
flèche (f)	жебе	dʒebe
mousquet (m)	мушкет	muʃket
arbalète (f)	арбалет	arbalet

157. Les hommes préhistoriques

primitif (adj)	алгачкы	algatʃkı
préhistorique (adj)	тарыхтан илгери	tarıχtan ilgeri
ancien (adj)	байыркы	bajırkı

Âge (m) de pierre	Таш доору	taʃ dooru
Âge (m) de bronze	Коло доору	kolo dooru
période (f) glaciaire	Муз доору	muz dooru
tribu (f)	уруу	uruu

cannibale (m)	адам жегич	adam ʤegitʃ
chasseur (m)	аңчы	aŋʧı
chasser (vi, vt)	аңчылык кылуу	aŋʧılık kıluu
mammouth (m)	мамонт	mamont
caverne (f)	үңкүр	yŋkyr
feu (m)	от	ot
feu (m) de bois	от	ot
dessin (m) rupestre	ташка чегерилген сүрөт	taʃka ʧegerilgen syrøt
outil (m)	эмгек куралы	emgek kuralı
lance (f)	найза	najza
hache (f) en pierre	таш балта	taʃ balta
faire la guerre	согушуу	soguʃuu
domestiquer (vt)	колго көндүрүү	kolgo køndyryy
idole (f)	бут	but
adorer, vénérer (vt)	сыйынуу	sıjınuu
superstition (f)	жок нерсеге ишенүү	ʤok nersege iʃenyy
rite (m)	ырым-жырым	ırım-ʤırım
évolution (f)	эволюция	evolʉtsija
développement (m)	өнүгүү	ønygyy
disparition (f)	жок болуу	ʤok boluu
s'adapter (vp)	ылайыкташуу	ılajıktaʃuu
archéologie (f)	археология	arχeologija
archéologue (m)	археолог	arχeolog
archéologique (adj)	археологиялык	arχeologijalık
site (m) d'excavation	казуу жери	kazuu ʤeri
fouilles (f pl)	казуу иштери	kazuu iʃteri
trouvaille (f)	табылга	tabılga
fragment (m)	фрагмент	fragment

158. Le Moyen Âge

peuple (m)	эл	el
peuples (m pl)	элдер	elder
tribu (f)	уруу	uruu
tribus (f pl)	уруулар	uruular
Barbares (m pl)	варварлар	varvarlar
Gaulois (m pl)	галлдар	galldar
Goths (m pl)	готтор	gottor
Slaves (m pl)	славяндар	slavʲandar
Vikings (m pl)	викингдер	vikingder
Romains (m pl)	римдиктер	rimdikter
romain (adj)	римдик	rimdik
byzantins (m pl)	византиялыктар	vizantijalıktar
Byzance (f)	Византия	vizantija
byzantin (adj)	византиялык	vizantijalık

empereur (m)	император	imperator
chef (m)	башчы	baʃtʃı
puissant (adj)	кудуреттүү	kudurettyy
roi (m)	король, падыша	korolʲ, padıʃa
gouverneur (m)	башкаруучу	baʃkaruutʃu

chevalier (m)	рыцарь	rıtsarʲ
féodal (m)	феодал	feodal
féodal (adj)	феодалдуу	feodalduu
vassal (m)	вассал	vassal

duc (m)	герцог	gertsog
comte (m)	граф	graf
baron (m)	барон	baron
évêque (m)	епископ	episkop

armure (f)	курал жана соот-шайман	kural dʒana soot-ʃajman
bouclier (m)	калкан	kalkan
glaive (m)	кылыч	kılıtʃ
visière (f)	туулганын бет калканы	tuulganın bet kalkanı
cotte (f) de mailles	зоот	zoot

croisade (f)	крест астындагы черүү	krest astındagı tʃeryy
croisé (m)	черүүгө чыгуучу	tʃeryygø tʃıguutʃu

territoire (m)	аймак	ajmak
attaquer (~ un pays)	кол салуу	kol saluu
conquérir (vt)	ээ болуу	ee boluu
occuper (envahir)	басып алуу	basıp aluu

siège (m)	тегеректеп курчоо	tegerektep kurtʃoo
assiégé (adj)	курчалган	kurtʃalgan
assiéger (vt)	курчоого алуу	kurtʃoogo aluu

inquisition (f)	инквизиция	inkvizitsija
inquisiteur (m)	инквизитор	inkvizitor
torture (f)	кыйноо	kıjnoo
cruel (adj)	ырайымсыз	ırajımsız
hérétique (m)	еретик	eretik
hérésie (f)	ересь	eresʲ

navigation (f) en mer	деңизде сүзүү	deŋizde syzyy
pirate (m)	деңиз каракчысы	deŋiz karaktʃısı
piraterie (f)	деңиз каракчылыгы	deŋiz karaktʃılıgı
abordage (m)	абордаж	abordadʒ
butin (m)	олжо	oldʒo
trésor (m)	казына	kazına

découverte (f)	ачылыш	atʃılıʃ
découvrir (vt)	таап ачуу	taap atʃuu
expédition (f)	экспедиция	ekspeditsija

mousquetaire (m)	мушкетёр	muʃketʲor
cardinal (m)	кардинал	kardinal
héraldique (f)	геральдика	geralʲdika
héraldique (adj)	гералдык	geraldık

159. Les dirigeants. Les responsables. Les autorités

roi (m)	король, падыша	korolⁱ, padıʃa
reine (f)	ханыша	χanıʃa
royal (adj)	падышалык	padıʃalık
royaume (m)	падышалык	padıʃalık
prince (m)	канзаада	kanzaada
princesse (f)	ханбийке	χanbijke
président (m)	президент	prezident
vice-président (m)	вице-президент	vitse-prezident
sénateur (m)	сенатор	senator
monarque (m)	монарх	monarχ
gouverneur (m)	башкаруучу	baʃkaruutʃu
dictateur (m)	диктатор	diktator
tyran (m)	зулум	zulum
magnat (m)	магнат	magnat
directeur (m)	директор	direktor
chef (m)	башчы	baʃtʃı
gérant (m)	башкаруучу	baʃkaruutʃu
boss (m)	шеф	ʃef
patron (m)	кожоюн	kodʒodʒʉn
leader (m)	алдыңкы катардагы	aldıŋkı katardagı
chef (m) (~ d'une délégation)	башчы	baʃtʃı
autorités (f pl)	бийликтер	bijlikter
supérieurs (m pl)	башчылар	baʃtʃılar
gouverneur (m)	губернатор	gubernator
consul (m)	консул	konsul
diplomate (m)	дипломат	diplomat
maire (m)	мэр	mer
shérif (m)	шериф	ʃerif
empereur (m)	император	imperator
tsar (m)	падыша	padıʃa
pharaon (m)	фараон	faraon
khan (m)	хан	χan

160. Les crimes. Les criminels. Partie 1

bandit (m)	ууру-кески	uuru-keski
crime (m)	кылмыш	kılmıʃ
criminel (m)	кылмышкер	kılmıʃker
voleur (m)	ууру	uuru
voler (qch à qn)	уурдоо	uurdoo
vol (m) (activité)	уруулук	uruuluk
vol (m) (~ à la tire)	уурдоо	uurdoo
kidnapper (vt)	ала качуу	ala katʃuu

kidnapping (m)	ала качуу	ala katʃuu
kidnappeur (m)	ала качуучу	ala katʃuutʃu

rançon (f)	кутказуу акчасы	kutkazuu aktʃası
exiger une rançon	кутказуу акчага	kutkazuu aktʃaga
	талап коюу	talap kojʉu

cambrioler (vt)	тоноо	tonoo
cambriolage (m)	тоноо	tonoo
cambrioleur (m)	тоноочу	tonootʃu

extorquer (vt)	опузалоо	opuzaloo
extorqueur (m)	опузалоочу	opuzalootʃu
extorsion (f)	опуза	opuza

tuer (vt)	өлтүрүү	øltyryy
meurtre (m)	өлтүрүү	øltyryy
meurtrier (m)	киши өлтүргүч	kiʃi øltyrgytʃ

coup (m) de feu	атылуу	atıluu
tirer un coup de feu	атуу	atuu
abattre (par balle)	атып салуу	atıp saluu
tirer (vi)	атуу	atuu
coups (m pl) de feu	атышуу	atıʃuu

incident (m)	окуя	okuja
bagarre (f)	уруш	uruʃ
Au secours!	Жардамга!	dʒardamga!
victime (f)	жапа чеккен	dʒapa tʃekken

endommager (vt)	зыян келтирүү	zıjan keltiryy
dommage (m)	залал	zalal
cadavre (m)	өлүк	ølyk
grave (~ crime)	оор	oor

attaquer (vt)	кол салуу	kol saluu
battre (frapper)	уруу	uruu
passer à tabac	ур-токмокко алуу	ur-tokmokko aluu
prendre (voler)	тартып алуу	tartıp aluu
poignarder (vt)	союп өлтүрүү	sojʉp øltyryy
mutiler (vt)	майып кылуу	majıp kıluu
blesser (vt)	жарадар кылуу	dʒaradar kıluu

chantage (m)	шантаж кылуу	ʃantadʒ kıluu
faire chanter	шантаждоо	ʃantadʒdoo
maître (m) chanteur	шантажист	ʃantadʒist

racket (m) de protection	рэкет	reket
racketteur (m)	рэкетир	reketir
gangster (m)	гангстер	gangster
mafia (f)	мафия	mafija

pickpocket (m)	чөнтөк ууру	tʃøntøk uuru
cambrioleur (m)	бузуп алуучу ууру	buzup aluutʃu uuru
contrebande (f) (trafic)	контрабанда	kontrabanda
contrebandier (m)	контрабандачы	kontrabandatʃı

contrefaçon (f)	окшотуп жасоо	okʃotup dʒasoo
falsifier (vt)	жасалмалоо	dʒasalmaloo
faux (falsifié)	жасалма	dʒasalma

161. Les crimes. Les criminels. Partie 2

viol (m)	зордуктоо	zorduktoo
violer (vt)	зордуктоо	zorduktoo
violeur (m)	зордукчул	zorduktʃul
maniaque (m)	маньяк	manjak

prostituée (f)	сойку	sojku
prostitution (f)	сойкучулук	sojkutʃuluk
souteneur (m)	жак бакты	dʒak baktı

| drogué (m) | баңги | baŋgi |
| trafiquant (m) de drogue | баңгизат сатуучу | baŋgizat satuutʃu |

faire exploser	жардыруу	dʒardıruu
explosion (f)	жарылуу	dʒarıluu
mettre feu	өрттөө	ørttøø
incendiaire (m)	өрттөөчү	ørttøøtʃy

terrorisme (m)	терроризм	terrorizm
terroriste (m)	террорист	terrorist
otage (m)	заложник	zalodʒnik

escroquer (vt)	алдоо	aldoo
escroquerie (f)	алдамчылык	aldamtʃılık
escroc (m)	алдамчы	aldamtʃı

soudoyer (vt)	сатып алуу	satıp aluu
corruption (f)	сатып алуу	satıp aluu
pot-de-vin (m)	пара	para

poison (m)	уу	uu
empoisonner (vt)	ууландыруу	uulandıruu
s'empoisonner (vp)	ууланууу	uulanuu

| suicide (m) | жанын кыюу | dʒanın kıdʒuu |
| suicidé (m) | жанын кыйгыч | dʒanın kıjgıtʃ |

menacer (vt)	коркутуу	korkutuu
menace (f)	коркунуч	korkunutʃ
attenter (vt)	кол салуу	kol saluu
attentat (m)	кол салуу	kol saluu

| voler (un auto) | айдап кетүү | ajdap ketyy |
| détourner (un avion) | ала качуу | ala katʃuu |

vengeance (f)	кек	kek
se venger (vp)	өч алуу	øtʃ aluu
torturer (vt)	кыйноо	kıjnoo
torture (f)	кыйноо	kıjnoo

tourmenter (vt)	азапка салуу	azapka saluu
pirate (m)	деңиз каракчысы	deŋiz karaktʃısı
voyou (m)	бейбаш	bejbaʃ
armé (adj)	куралданган	kuraldangan
violence (f)	зордук	zorduk
illégal (adj)	мыйзамдан тыш	mıjzamdan tıʃ
espionnage (m)	тыңчылык	tıŋtʃılık
espionner (vt)	тыңчылык кылуу	tıŋtʃılık kıluu

162. La police. La justice. Partie 1

justice (f)	адилеттүү сот	adilettyy sot
tribunal (m)	сот	sot
juge (m)	сот	sot
jury (m)	сот калыстары	sot kalıstarı
cour (f) d'assises	калыстар соту	sot
juger (vt)	сотко тартуу	sotko tartuu
avocat (m)	жактоочу	dʒaktootʃu
accusé (m)	сот жообуна тартылган киши	sot dʒoobuna tartılgan kiʃi
banc (m) des accusés	соттуулар отуруучу орун	sottuular oturuutʃu orun
inculpation (f)	айыптоо	ajıptoo
inculpé (m)	айыпталуучу	ajıptaluutʃu
condamnation (f)	өкүм	økym
condamner (vt)	өкүм чыгаруу	økym tʃıgaruu
coupable (m)	күнөөкөр	kynøøkør
punir (vt)	жазалоо	dʒazaloo
punition (f)	жаза	dʒaza
amende (f)	айып	ajıp
détention (f) à vie	өмүр бою	ømyr bojμ
peine (f) de mort	өлүм жазасы	ølym dʒazası
chaise (f) électrique	электр столу	elektr stolu
potence (f)	дарга	darga
exécuter (vt)	өлүм жазасын аткаруу	ølym dʒazasın atkaruu
exécution (f)	өлүм жазасын аткаруу	ølym dʒazasın atkaruu
prison (f)	түрмө	tyrmø
cellule (f)	камера	kamera
escorte (f)	конвой	konvoj
gardien (m) de prison	түрмө сакчысы	tyrmø saktʃısı
prisonnier (m)	камактагы адам	kamaktagı adam
menottes (f pl)	кишен	kiʃen
mettre les menottes	кишен кийгизүү	kiʃen kijgizyy
évasion (f)	качуу	katʃuu

s'évader (vp)	качуу	katʃuu
disparaître (vi)	жоголуп кетүү	dʒogolup ketyy
libérer (vt)	бошотуу	boʃotuu
amnistie (f)	амнистия	amnistija
police (f)	полиция	politsija
policier (m)	полиция кызматкери	politsija kızmatkeri
commissariat (m) de police	полиция бөлүмү	politsija bølymy
matraque (f)	резина союлчасы	rezina sojultʃası
haut parleur (m)	керней	kernej
voiture (f) de patrouille	жол күзөт машинасы	dʒol kyzøt maʃinası
sirène (f)	сирена	sirena
enclencher la sirène	сиренаны басуу	sirenanı basuu
hurlement (m) de la sirène	сиренанын боздошу	sirenanın bozdoʃu
lieu (m) du crime	кылмыш болгон жер	kılmıʃ bolgon dʒer
témoin (m)	күбө	kybø
liberté (f)	эркиндик	erkindik
complice (m)	шерик	ʃerik
s'enfuir (vp)	из жашыруу	iz dʒaʃıruu
trace (f)	из	iz

163. La police. La justice. Partie 2

recherche (f)	издөө	izdøø
rechercher (vt)	... издөө	... izdøø
suspicion (f)	шек	ʃek
suspect (adj)	шектүү	ʃektyy
arrêter (dans la rue)	токтотуу	toktotuu
détenir (vt)	кармоо	karmoo
affaire (f) (~ pénale)	иш	iʃ
enquête (f)	териштирүү	teriʃtiryy
détective (m)	аңдуучу	aŋduutʃu
enquêteur (m)	тергөөчү	tergøøtʃy
hypothèse (f)	жоромол	dʒoromol
motif (m)	себеп	sebep
interrogatoire (m)	сурак	surak
interroger (vt)	суракка алуу	surakka aluu
interroger (~ les voisins)	сураштыруу	suraʃtıruu
inspection (f)	текшерүү	tekʃeryy
rafle (f)	тегеректөө	tegerektøø
perquisition (f)	тинтүү	tintyy
poursuite (f)	куу	kuu
poursuivre (vt)	изине түшүү	izine tyʃyy
dépister (vt)	изине түшүү	izine tyʃyy
arrestation (f)	камак	kamak
arrêter (vt)	камакка алуу	kamakka aluu
attraper (~ un criminel)	кармоо	karmoo
capture (f)	колго түшүрүү	kolgo tyʃyryy

document (m)	документ	dokument
preuve (f)	далил	dalil
prouver (vt)	далилдөө	dalildøø
empreinte (f) de pied	из	iz
empreintes (f pl) digitales	манжанын изи	mandʒanın izi
élément (m) de preuve	далил	dalil

alibi (m)	алиби	alibi
innocent (non coupable)	бейкүнөө	bejkynøø
injustice (f)	адилетсиздик	adiletsizdik
injuste (adj)	адилетсиз	adiletsiz

criminel (adj)	кылмыштуу	kılmıʃtuu
confisquer (vt)	тартып алуу	tartıp aluu
drogue (f)	баңгизат	baŋgizat
arme (f)	курал	kural
désarmer (vt)	куралсыздандыруу	kuralsızdandıruu
ordonner (vt)	буйрук берүү	bujruk beryy
disparaître (vi)	жоголуп кетүү	dʒogolup ketyy

loi (f)	мыйзам	mıjzam
légal (adj)	мыйзамдуу	mıjzamduu
illégal (adj)	мыйзамдан тыш	mıjzamdan tıʃ

| responsabilité (f) | жоопкерчилик | dʒoopkertʃilik |
| responsable (adj) | жоопкерчиликтүү | dʒoopkertʃiliktyy |

LA NATURE

La Terre. Partie 1

164. L'espace cosmique

cosmos (m)	космос	kosmos
cosmique (adj)	космос	kosmos
espace (m) cosmique	космос мейкиндиги	kosmos mejkindigi
monde (m)	дүйнө	dyjnø
univers (m)	аалам	aalam
galaxie (f)	галактика	galaktika
étoile (f)	жылдыз	dʒıldız
constellation (f)	жылдыздар	dʒıldızdar
planète (f)	планета	planeta
satellite (m)	жолдош	dʒoldoʃ
météorite (m)	метеорит	meteorit
comète (f)	комета	kometa
astéroïde (m)	астероид	asteroid
orbite (f)	орбита	orbita
tourner (vi)	айлануу	ajlanuu
atmosphère (f)	атмосфера	atmosfera
Soleil (m)	күн	kyn
système (m) solaire	күн системасы	kyn sisteması
éclipse (f) de soleil	күндүн тутулушу	kyndyn tutuluʃu
Terre (f)	Жер	dʒer
Lune (f)	Ай	aj
Mars (m)	Марс	mars
Vénus (f)	Венера	venera
Jupiter (m)	Юпитер	jʉpiter
Saturne (m)	Сатурн	saturn
Mercure (m)	Меркурий	merkurij
Uranus (m)	Уран	uran
Neptune	Нептун	neptun
Pluton (m)	Плутон	pluton
la Voie Lactée	Саманчынын жолу	samantʃının dʒolu
la Grande Ours	Чоң Жетиген	tʃoŋ dʒetigen
la Polaire	Полярдык Жылдыз	polʲardık dʒıldız
martien (m)	марсианин	marsianin
extraterrestre (m)	инопланетянин	inoplanetʲanin

| alien (m) | келгин | kelgin |
| soucoupe (f) volante | учуучу табак | utʃuutʃu tabak |

vaisseau (m) spatial	космос кемеси	kosmos kemesi
station (f) orbitale	орбитадагы станция	orbitadagı stanɪsija
lancement (m)	старт	start

moteur (m)	кыймылдаткыч	kıjmıldatkıtʃ
tuyère (f)	сопло	soplo
carburant (m)	күйүүчү май	kyjyytʃy may

cabine (f)	кабина	kabina
antenne (f)	антенна	antenna
hublot (m)	иллюминатор	illɯminator
batterie (f) solaire	күн батареясы	kyn batarejası
scaphandre (m)	скафандр	skafandr

| apesanteur (f) | салмаксыздык | salmaksızdık |
| oxygène (m) | кислород | kislorod |

| arrimage (m) | жалгаштыруу | dʒalgaʃtıruu |
| s'arrimer à … | жалгаштыруу | dʒalgaʃtıruu |

observatoire (m)	обсерватория	observatorija
télescope (m)	телескоп	teleskop
observer (vt)	байкоо	bajkoo
explorer (un cosmos)	изилдөө	izildøø

165. La Terre

Terre (f)	Жер	dʒer
globe (m) terrestre	жер шары	dʒer ʃarı
planète (f)	планета	planeta

atmosphère (f)	атмосфера	atmosfera
géographie (f)	география	geografija
nature (f)	табийгат	tabijgat

globe (m) de table	глобус	globus
carte (f)	карта	karta
atlas (m)	атлас	atlas

| Europe (f) | Европа | evropa |
| Asie (f) | Азия | azija |

| Afrique (f) | Африка | afrika |
| Australie (f) | Австралия | avstralija |

Amérique (f)	Америка	amerika
Amérique (f) du Nord	Северная Америка	severnaja amerika
Amérique (f) du Sud	Южная Америка	jɯdʒnaja amerika

| l'Antarctique (m) | Антарктида | antarktida |
| l'Arctique (m) | Арктика | arktika |

166. Les quatre parties du monde

nord (m)	түндүк	tyndyk
vers le nord	түндүккө	tyndykkø
au nord	түндүктө	tyndyktø
du nord (adj)	түндүк	tyndyk
sud (m)	түштүк	tyʃtyk
vers le sud	түштүккө	tyʃtykkø
au sud	түштүктө	tyʃtyktø
du sud (adj)	түштүк	tyʃtyk
ouest (m)	батыш	batıʃ
vers l'occident	батышка	batıʃka
à l'occident	батышта	batıʃta
occidental (adj)	батыш	batıʃ
est (m)	чыгыш	ʧıgıʃ
vers l'orient	чыгышка	ʧıgıʃka
à l'orient	чыгышта	ʧıgıʃta
oriental (adj)	чыгыш	ʧıgıʃ

167. Les océans et les mers

mer (f)	деңиз	deŋiz
océan (m)	мухит	muχit
golfe (m)	булуң	buluŋ
détroit (m)	кысык	kısık
terre (f) ferme	жер	dʒer
continent (m)	материк	materik
île (f)	арал	aral
presqu'île (f)	жарым арал	dʒarım aral
archipel (m)	архипелаг	arχipelag
baie (f)	булуң	buluŋ
port (m)	гавань	gavanʲ
lagune (f)	лагуна	laguna
cap (m)	тумшук	tumʃuk
atoll (m)	атолл	atoll
récif (m)	риф	rif
corail (m)	маржан	mardʒan
récif (m) de corail	маржан рифи	mardʒan rifi
profond (adj)	терең	tereŋ
profondeur (f)	терeңдик	tereŋdik
abîme (m)	түбү жок	tyby dʒok
fosse (f) océanique	ойдуң	ojduŋ
courant (m)	агым	agım
baigner (vt) (mer)	курчап туруу	kurʧap turuu

littoral (m)	жээк	dʒeek
côte (f)	жээк	dʒeek
marée (f) haute	суунун көтөрүлүшү	suunun køtørylyʃy
marée (f) basse	суунун тартылуусу	suunun tartıluusu
banc (m) de sable	тайыздык	tajızdık
fond (m)	суунун түбү	suunun tyby
vague (f)	толкун	tolkun
crête (f) de la vague	толкундун кыры	tolkundun kırı
mousse (f)	көбүк	købyk
tempête (f) en mer	бороон чапкын	boroon tʃapkın
ouragan (m)	бороон	boroon
tsunami (m)	цунами	tsunami
calme (m)	штиль	ʃtilʲ
calme (tranquille)	тынч	tıntʃ
pôle (m)	уюл	ujʉl
polaire (adj)	полярдык	polʲardık
latitude (f)	кеңдик	keŋdik
longitude (f)	узундук	uzunduk
parallèle (f)	параллель	parallelʲ
équateur (m)	экватор	ekvator
ciel (m)	асман	asman
horizon (m)	горизонт	gorizont
air (m)	аба	aba
phare (m)	маяк	majak
plonger (vi)	сүңгүү	syŋgyy
sombrer (vi)	чөгүп кетүү	tʃøgyp ketyy
trésor (m)	казына	kazına

168. Les montagnes

montagne (f)	тоо	too
chaîne (f) de montagnes	тоо тизмеги	too tizmegi
crête (f)	тоо кыркалары	too kırkaları
sommet (m)	чоку	tʃoku
pic (m)	чоку	tʃoku
pied (m)	тоо этеги	too etegi
pente (f)	эңкейиш	eŋkejiʃ
volcan (m)	вулкан	vulkan
volcan (m) actif	күйүп жаткан	kyjyp dʒatkan
volcan (m) éteint	өчүп калган вулкан	øtʃyp kalgan vulkan
éruption (f)	атырылып чыгуу	atırılıp tʃıguu
cratère (m)	кратер	krater
magma (m)	магма	magma
lave (f)	лава	lava

en fusion (lave ~)	кызыган	kızıgan
canyon (m)	каньон	kanʲon
défilé (m) (gorge)	капчыгай	kaptʃıgaj
crevasse (f)	жарака	dʒaraka
précipice (m)	жар	dʒar

col (m) de montagne	ашуу	aʃuu
plateau (m)	дөңсөө	døŋsøø
rocher (m)	зоока	zooka
colline (f)	дөбө	døbø

glacier (m)	муз	muz
chute (f) d'eau	шаркыратма	ʃarkıratma
geyser (m)	гейзер	gejzer
lac (m)	көл	køl

plaine (f)	түздүк	tyzdyk
paysage (m)	теребел	terebel
écho (m)	жаңырык	dʒaŋırık

alpiniste (m)	альпинист	alʲpinist
varappeur (m)	скалолаз	skalolaz
conquérir (vt)	багындыруу	bagındıruu
ascension (f)	тоонун чокусуна чыгуу	toonun tʃokusuna tʃıguu

169. Les fleuves

rivière (f), fleuve (m)	дарыя	darıja
source (f)	булак	bulak
lit (m) (d'une rivière)	сай	saj
bassin (m)	бассейн	bassejn
se jeter dans ...	... кую́у	... kujʉu

affluent (m)	куйма	kujma
rive (f)	жээк	dʒeek

courant (m)	агым	agım
en aval	агым боюнча	agım bojʉntʃa
en amont	агымга каршы	agımga karʃı

inondation (f)	ташкын	taʃkın
les grandes crues	суу ташкыны	suu taʃkını
déborder (vt)	дайранын ташышы	dajranın taʃıʃı
inonder (vt)	суу каптоо	suu kaptoo

bas-fond (m)	тайыздык	tajızdık
rapide (m)	босого	bosogo

barrage (m)	тогоон	togoon
canal (m)	канал	kanal
lac (m) de barrage	суу сактагыч	suu saktagıtʃ
écluse (f)	шлюз	ʃlʉz
plan (m) d'eau	көлмө	kølmø
marais (m)	саз	saz

| fondrière (f) | баткак | batkak |
| tourbillon (m) | айлампа | ajlampa |

ruisseau (m)	суу	suu
potable (adj)	ичилчү суу	itʃiltʃy suu
douce (l'eau ~)	тузсуз	tuzsuz

| glace (f) | муз | muz |
| être gelé | тоңуп калуу | toŋup kaluu |

170. La forêt

| forêt (f) | токой | tokoj |
| forestier (adj) | токойлуу | tokojluu |

fourré (m)	чытырман токой	tʃïtïrman tokoj
bosquet (m)	токойчо	tokojtʃo
clairière (f)	аянт	ajant

| broussailles (f pl) | бадал | badal |
| taillis (m) | бадал | badal |

| sentier (m) | чыйыр жол | tʃïjïr dʒol |
| ravin (m) | жар | dʒar |

arbre (m)	дарак	darak
feuille (f)	жалбырак	dʒalbïrak
feuillage (m)	жалбырак	dʒalbïrak

chute (f) de feuilles	жалбырак түшүү мезгили	dʒalbïrak tyʃyy mezgili
tomber (feuilles)	түшүү	tyʃyy
sommet (m)	чоку	tʃoku

rameau (m)	бутак	butak
branche (f)	бутак	butak
bourgeon (m)	бүчүр	bytʃyr
aiguille (f)	ийне	ijne
pomme (f) de pin	тобурчак	toburtʃak

creux (m)	көңдөй	køŋdøj
nid (m)	уя	uja
terrier (m) (~ d'un renard)	ийин	ijin

tronc (m)	сөңгөк	søŋgøk
racine (f)	тамыр	tamïr
écorce (f)	кыртыш	kïrtïʃ
mousse (f)	мох	moχ

déraciner (vt)	дүмүрүн казуу	dymyryn kazuu
abattre (un arbre)	кыюу	kïjɵu
déboiser (vt)	токойду кыюу	tokojdu kïjɵu
souche (f)	дүмүр	dymyr
feu (m) de bois	от	ot
incendie (m)	өрт	ørt

éteindre (feu)	өчүрүү	øtʃyryy
garde (m) forestier	токойчу	tokojtʃu
protection (f)	өсүмдүктөрдү коргоо	øsymdyktørdy korgoo
protéger (vt)	сактоо	saktoo
braconnier (m)	браконьер	brakonjer
piège (m) à mâchoires	капкан	kapkan

cueillir (champignons)	терүү	teryy
cueillir (baies)	терүү	teryy
s'égarer (vp)	адашып кетүү	adaʃɪp ketyy

171. Les ressources naturelles

ressources (f pl) naturelles	жаратылыш байлыктары	dʒaratılıʃ bajlıktarı
minéraux (m pl)	пайдалуу кендер	pajdaluu kender
gisement (m)	кен	ken
champ (m) (~ pétrolifère)	кендүү жер	kendyy dʒer

extraire (vt)	казуу	kazuu
extraction (f)	казуу	kazuu
minerai (m)	кен	ken
mine (f) (site)	шахта	ʃaχta
puits (m) de mine	шахта	ʃaχta
mineur (m)	кенчи	kentʃi

gaz (m)	газ	gaz
gazoduc (m)	газопровод	gazoprovod

pétrole (m)	мунайзат	munajzat
pipeline (m)	мунайзар түтүгү	munajzar tytygy
tour (f) de forage	мунайзат скважинасы	munajzat skvadʒinası
derrick (m)	мунайзат мунарасы	munajzat munarası
pétrolier (m)	танкер	tanker

sable (m)	кум	kum
calcaire (m)	акиташ	akitaʃ
gravier (m)	шагыл	ʃagıl
tourbe (f)	торф	torf
argile (f)	ылай	ılaj
charbon (m)	көмүр	kømyr

fer (m)	темир	temir
or (m)	алтын	altın
argent (m)	күмүш	kymyʃ
nickel (m)	никель	nikelʲ
cuivre (m)	жез	dʒez

zinc (m)	цинк	tsınk
manganèse (m)	марганец	marganets
mercure (m)	сымап	sımap
plomb (m)	коргошун	korgoʃun

minéral (m)	минерал	mineral
cristal (m)	кристалл	kristall

marbre (m)	**мрамор**	mramor
uranium (m)	**уран**	uran

La Terre. Partie 2

172. Le temps

temps (m)	аба-ырайы	aba-ırajı
météo (f)	аба-ырайы боюнча маалымат	aba-ırajı bojunʧa maalımat
température (f)	температура	temperatura
thermomètre (m)	термометр	termometr
baromètre (m)	барометр	barometr
humide (adj)	нымдуу	nımduu
humidité (f)	ным	nım
chaleur (f) (canicule)	ысык	ısık
torride (adj)	кыйын ысык	kıjın ısık
il fait très chaud	ысык	ısık
il fait chaud	жылуу	ʤıluu
chaud (modérément)	жылуу	ʤıluu
il fait froid	суук	suuk
froid (adj)	суук	suuk
soleil (m)	күн	kyn
briller (soleil)	күн тийүү	kyn tijyy
ensoleillé (jour ~)	күн ачык	kyn aʧık
se lever (vp)	чыгуу	ʧıguu
se coucher (vp)	батуу	batuu
nuage (m)	булут	bulut
nuageux (adj)	булуттуу	buluttuu
nuée (f)	булут	bulut
sombre (adj)	күн бүркөк	kyn byrkøk
pluie (f)	жамгыр	ʤamgır
il pleut	жамгыр жаап жатат	ʤamgır ʤaap ʤatat
pluvieux (adj)	жаандуу	ʤaanduu
bruiner (v imp)	дыбыратуу	dıbıratuu
pluie (f) torrentielle	нөшөрлөгөн жаан	nøʃørløgøn ʤaan
averse (f)	нөшөр	nøʃør
forte (la pluie ~)	катуу	katuu
flaque (f)	көлчүк	kølʧyk
se faire mouiller	суу болуу	suu boluu
brouillard (m)	туман	tuman
brumeux (adj)	тумандуу	tumanduu
neige (f)	кар	kar
il neige	кар жаап жатат	kar ʤaap ʤatat

173. Les intempéries. Les catastrophes naturelles

orage (m)	чагылгандуу жаан	tʃagılganduu dʒaan
éclair (m)	чагылган	tʃagılgan
éclater (foudre)	жарк этүү	dʒark etyy
tonnerre (m)	күн күркүрөө	kyn kyrkyrøø
gronder (tonnerre)	күн күркүрөө	kyn kyrkyrøø
le tonnerre gronde	күн күркүрөп жатат	kyn kyrkyrøp dʒatat
grêle (f)	мөндүр	møndyr
il grêle	мөндүр түшүп жатат	møndyr tyʃyp dʒatat
inonder (vt)	суу каптоо	suu kaptoo
inondation (f)	ташкын	taʃkın
tremblement (m) de terre	жер титирөө	dʒer titirøø
secousse (f)	жердин силкиниши	dʒerdin silkiniʃi
épicentre (m)	эпицентр	epitsentr
éruption (f)	атырылып чыгуу	atırılıp tʃıguu
lave (f)	лава	lava
tourbillon (m)	куюн	kujun
tornade (f)	торнадо	tornado
typhon (m)	тайфун	tajfun
ouragan (m)	бороон	boroon
tempête (f)	бороон чапкын	boroon tʃapkın
tsunami (m)	цунами	tsunami
cyclone (m)	циклон	tsıklon
intempéries (f pl)	жаан-чачындуу күн	dʒaan-tʃatʃınduu kyn
incendie (m)	өрт	ørt
catastrophe (f)	кыйроо	kıjroo
météorite (m)	метеорит	meteorit
avalanche (f)	көчкү	køtʃky
éboulement (m)	кар көчкүсү	kar køtʃkysy
blizzard (m)	кар бороону	kar boroonu
tempête (f) de neige	бурганак	burganak

La faune

174. Les mammifères. Les prédateurs

prédateur (m)	жырткыч	ʤɪrtkɪʧ
tigre (m)	жолборс	ʤolbors
lion (m)	арстан	arstan
loup (m)	карышкыр	karɪʃkɪr
renard (m)	түлкү	tylky
jaguar (m)	ягуар	jaguar
léopard (m)	леопард	leopard
guépard (m)	гепард	gepard
panthère (f)	пантера	pantera
puma (m)	пума	puma
léopard (m) de neiges	илбирс	ilbirs
lynx (m)	сүлөөсүн	syløøsyn
coyote (m)	койот	kojot
chacal (m)	чөө	ʧøø
hyène (f)	гиена	giena

175. Les animaux sauvages

animal (m)	жаныбар	ʤanıbar
bête (f)	жапайы жаныбар	ʤapajı ʤanıbar
écureuil (m)	тыйын чычкан	tɪjɪn ʧɪʧkan
hérisson (m)	кирпичечен	kirpiʧeʧen
lièvre (m)	коен	koen
lapin (m)	коен	koen
blaireau (m)	кашкулак	kaʃkulak
raton (m)	енот	enot
hamster (m)	хомяк	χomʲak
marmotte (f)	суур	suur
taupe (f)	момолой	momoloj
souris (f)	чычкан	ʧɪʧkan
rat (m)	келемиш	kelemiʃ
chauve-souris (f)	жарганат	ʤarganat
hermine (f)	арс чычкан	ars ʧɪʧkan
zibeline (f)	киш	kiʃ
martre (f)	суусар	suusar
belette (f)	ласка	laska
vison (m)	норка	norka

| castor (m) | кемчет | kemtʃet |
| loutre (f) | кундуз | kunduz |

cheval (m)	жылкы	dʒɪlkɪ
élan (m)	багыш	bagɪʃ
cerf (m)	бугу	bugu
chameau (m)	төө	tøø

bison (m)	бизон	bizon
aurochs (m)	зубр	zubr
buffle (m)	буйвол	bujvol

zèbre (m)	зебра	zebra
antilope (f)	антилопа	antilopa
chevreuil (m)	элик	elik
biche (f)	лань	lanʲ
chamois (m)	жейрен	dʒejren
sanglier (m)	каман	kaman

baleine (f)	кит	kit
phoque (m)	тюлень	tʉlenʲ
morse (m)	морж	mordʒ
ours (m) de mer	деңиз мышыгы	deŋiz mɪʃɪgɪ
dauphin (m)	дельфин	delʲfin

ours (m)	аюу	ajʉu
ours (m) blanc	ак аюу	ak ajʉu
panda (m)	панда	panda

singe (m)	маймыл	majmɪl
chimpanzé (m)	шимпанзе	ʃimpanze
orang-outang (m)	орангутанг	orangutang
gorille (m)	горилла	gorilla
macaque (m)	макака	makaka
gibbon (m)	гиббон	gibbon

éléphant (m)	пил	pil
rhinocéros (m)	керик	kerik
girafe (f)	жираф	dʒiraf
hippopotame (m)	бегемот	begemot

| kangourou (m) | кенгуру | kenguru |
| koala (m) | коала | koala |

mangouste (f)	мангуст	mangust
chinchilla (m)	шиншилла	ʃinʃilla
mouffette (f)	скунс	skuns
porc-épic (m)	чүткөр	tʃʉtkør

176. Les animaux domestiques

chat (m) (femelle)	ургаачы мышык	urgaatʃɪ mɪʃɪk
chat (m) (mâle)	эркек мышык	erkek mɪʃɪk
chien (m)	ит	it

cheval (m)	жылкы	dʒılkı
étalon (m)	айгыр	ajgır
jument (f)	бээ	bee
vache (f)	уй	uj
taureau (m)	бука	buka
bœuf (m)	өгүз	øgyz
brebis (f)	кой	koj
mouton (m)	кочкор	kotʃkor
chèvre (f)	эчки	etʃki
bouc (m)	теке	teke
âne (m)	эшек	eʃek
mulet (m)	качыр	katʃır
cochon (m)	чочко	tʃotʃko
pourceau (m)	торопой	toropoj
lapin (m)	коен	koen
poule (f)	тоок	took
coq (m)	короз	koroz
canard (m)	өрдөк	ørdøk
canard (m) mâle	эркек өрдөк	erkek ørdøk
oie (f)	каз	kaz
dindon (m)	күрп	kyrp
dinde (f)	ургаачы күрп	urgaatʃı kyrp
animaux (m pl) domestiques	үй жаныбарлары	yj dʒanıbarları
apprivoisé (adj)	колго үйрөтүлгөн	kolgo yjrøtylgøn
apprivoiser (vt)	колго үйрөтүү	kolgo yjrøtyy
élever (vt)	өстүрүү	østyryy
ferme (f)	ферма	ferma
volaille (f)	үй канаттулары	yj kanattuları
bétail (m)	мал	mal
troupeau (m)	бада	bada
écurie (f)	аткана	atkana
porcherie (f)	чочкокана	tʃotʃkokana
vacherie (f)	уйкана	ujkana
cabane (f) à lapins	коенкана	koenkana
poulailler (m)	тоокана	tookana

177. Le chien. Les races

chien (m)	ит	it
berger (m)	овчарка	ovtʃarka
berger (m) allemand	немис овчаркасы	nemis ovtʃarkası
caniche (f)	пудель	pudelʲ
teckel (m)	такса	taksa
bouledogue (m)	бульдог	bulʲdog

boxer (m)	боксёр	boksʲor
mastiff (m)	мастиф	mastif
rottweiler (m)	ротвейлер	rotvejler
doberman (m)	доберман	doberman

basset (m)	бассет	basset
bobtail (m)	бобтейл	bobtejl
dalmatien (m)	далматинец	dalmatinets
cocker (m)	кокер-спаниэль	koker-spanielʲ

| terre-neuve (m) | ньюфаундленд | njɵfaundlend |
| saint-bernard (m) | сенбернар | senbernar |

husky (m)	хаски	χaski
chow-chow (m)	чау-чау	ʧau-ʧau
spitz (m)	шпиц	ʃpits
carlin (m)	мопс	mops

178. Les cris des animaux

aboiement (m)	үрүү	yryy
aboyer (vi)	үрүү	yryy
miauler (vi)	миёлоо	mijoloo
ronronner (vi)	мырылдоо	mırıldoo

meugler (vi)	маароо	maaroo
beugler (taureau)	өкүрүү	økyryy
rugir (chien)	ырылдоо	ırıldoo

hurlement (m)	уулуу	uuluu
hurler (loup)	уулуу	uuluu
geindre (vi)	кыңшылоо	kıŋʃiloo

bêler (vi)	маароо	maaroo
grogner (cochon)	коркулдоо	korkuldoo
glapir (cochon)	чаңыруу	ʧaŋıruu

coasser (vi)	чардоо	ʧardoo
bourdonner (vi)	зыңылдоо	zıŋıldoo
striduler (vi)	чырылдоо	ʧırıldoo

179. Les oiseaux

oiseau (m)	куш	kuʃ
pigeon (m)	көгүчкөн	køgyʧkøn
moineau (m)	таранчы	taranʧı
mésange (f)	синица	sinitsa
pie (f)	сагызган	sagızgan

corbeau (m)	кузгун	kuzgun
corneille (f)	карга	karga
choucas (m)	таан	taan

freux (m)	чаркарга	tʃarkarga
canard (m)	өрдөк	ørdøk
oie (f)	каз	kaz
faisan (m)	кыргоол	kırgool
aigle (m)	бүркүт	byrkyt
épervier (m)	ителги	itelgi
faucon (m)	шумкар	ʃumkar
vautour (m)	жору	dʒoru
condor (m)	кондор	kondor
cygne (m)	аккуу	akkuu
grue (f)	турна	turna
cigogne (f)	илегилек	ilegilek
perroquet (m)	тотукуш	totukuʃ
colibri (m)	колибри	kolibri
paon (m)	тоос	toos
autruche (f)	төө куш	tøø kuʃ
héron (m)	көк кытан	køk kıtan
flamant (m)	фламинго	flamingo
pélican (m)	биргазан	birgazan
rossignol (m)	булбул	bulbul
hirondelle (f)	чабалекей	tʃabalekej
merle (m)	таркылдак	tarkıldak
grive (f)	сайрагыч таркылдак	sajragıtʃ tarkıldak
merle (m) noir	кара таңдай таркылдак	kara taŋdaj tarkıldak
martinet (m)	кардыгач	kardıgatʃ
alouette (f) des champs	торгой	torgoj
caille (f)	бөдөнө	bødønø
pivert (m)	тоңкулдак	toŋkuldak
coucou (m)	күкүк	kykyk
chouette (f)	мыкый үкү	mıkıj yky
hibou (m)	үкү	yky
tétras (m)	керең кур	kereŋ kur
tétras-lyre (m)	кара кур	kara kur
perdrix (f)	кекилик	kekilik
étourneau (m)	чыйырчык	tʃıjırtʃık
canari (m)	канарейка	kanarejka
gélinotte (f) des bois	токой чили	tokoj tʃili
pinson (m)	зяблик	zʲablik
bouvreuil (m)	снегирь	snegirʲ
mouette (f)	ак чардак	ak tʃardak
albatros (m)	альбатрос	alʲbatros
pingouin (m)	пингвин	pingvin

180. Les oiseaux. Le chant, les cris

chanter (vi)	сайроо	sajroo
crier (vi)	кыйкыруу	kıjkıruu
chanter (le coq)	"күкирикү" деп кыйкыруу	kykiriky' dep kıjkıruu
cocorico (m)	күкирикү	kykiriky
glousser (vi)	какылдоо	kakıldoo
croasser (vi)	каркылдоо	karkıldoo
cancaner (vi)	бакылдоо	bakıldoo
piauler (vi)	чыйылдоо	tʃıjıldoo
pépier (vi)	чырылдоо	tʃırıldoo

181. Les poissons. Les animaux marins

brème (f)	лещ	leʃtʃ
carpe (f)	карп	karp
perche (f)	окунь	okunʲ
silure (m)	жаян	dʒajan
brochet (m)	чортон	tʃorton
saumon (m)	лосось	lososʲ
esturgeon (m)	осётр	osʲotr
hareng (m)	сельдь	selʲdʲ
saumon (m) atlantique	сёмга	sʲomga
maquereau (m)	скумбрия	skumbrija
flet (m)	камбала	kambala
sandre (f)	судак	sudak
morue (f)	треска	treska
thon (m)	тунец	tunets
truite (f)	форель	forelʲ
anguille (f)	угорь	ugorʲ
torpille (f)	скат	skat
murène (f)	мурена	murena
piranha (m)	пиранья	piranja
requin (m)	акула	akula
dauphin (m)	дельфин	delʲfin
baleine (f)	кит	kit
crabe (m)	краб	krab
méduse (f)	медуза	meduza
pieuvre (f), poulpe (m)	сегиз бут	segiz but
étoile (f) de mer	деңиз жылдызы	deŋiz dʒıldızı
oursin (m)	деңиз кирписи	deŋiz kirpisi
hippocampe (m)	деңиз тайы	deŋiz tajı
huître (f)	устрица	ustritsa
crevette (f)	креветка	krevetka

| homard (m) | омар | omar |
| langoustine (f) | лангуст | langust |

182. Les amphibiens. Les reptiles

| serpent (m) | жылан | dʒɪlan |
| venimeux (adj) | уулуу | uuluu |

vipère (f)	кара чаар жылан	kara tʃaar dʒɪlan
cobra (m)	кобра	kobra
python (m)	питон	piton
boa (m)	удав	udav

couleuvre (f)	сары жылан	sarı dʒɪlan
serpent (m) à sonnettes	шакылдак жылан	ʃakıldak dʒɪlan
anaconda (m)	анаконда	anakonda

lézard (m)	кескелдирик	keskeldirik
iguane (m)	игуана	iguana
varan (m)	эчкемер	etʃkemer
salamandre (f)	саламандра	salamandra
caméléon (m)	хамелеон	χameleon
scorpion (m)	чаян	tʃajan

tortue (f)	ташбака	taʃbaka
grenouille (f)	бака	baka
crapaud (m)	курбака	kurbaka
crocodile (m)	крокодил	krokodil

183. Les insectes

insecte (m)	курт-кумурска	kurt-kumurska
papillon (m)	көпөлөк	køpøløk
fourmi (f)	кумурска	kumurska
mouche (f)	чымын	tʃımın
moustique (m)	чиркей	tʃirkej
scarabée (m)	коңуз	koŋuz

guêpe (f)	аары	aarı
abeille (f)	бал аары	bal aarı
bourdon (m)	жапан аары	dʒapan aarı
œstre (m)	көгөөн	køgøøn

| araignée (f) | жөргөмүш | dʒørgømyʃ |
| toile (f) d'araignée | желе | dʒele |

libellule (f)	ийнелик	ijnelik
sauterelle (f)	чегиртке	tʃegirtke
papillon (m)	көпөлөк	køpøløk

| cafard (m) | таракан | tarakan |
| tique (f) | кене | kene |

puce (f)	бүргө	byrgø
moucheron (m)	майда чымын	majda tʃɪmɪn

criquet (m)	чегиртке	tʃegirtke
escargot (m)	үлүл	ylyl
grillon (m)	кара чегиртке	kara tʃegirtke
luciole (f)	жалтырак коңуз	dʒaltɪrak koŋuz
coccinelle (f)	айланкөчөк	ajlankøtʃøk
hanneton (m)	саратан коңуз	saratan koŋuz

sangsue (f)	сүлүк	sylyk
chenille (f)	каз таман	kaz taman
ver (m)	жер курту	dʒer kurtu
larve (f)	курт	kurt

184. Les parties du corps des animaux

bec (m)	тумшук	tumʃuk
ailes (f pl)	канаттар	kanattar
patte (f)	чеңгел	tʃeŋgel
plumage (m)	куштун жүнү	kuʃtun dʒyny
plume (f)	канат	kanat
houppe (f)	көкүлчө	køkyltʃø

ouïes (f pl)	бакалоор	bakaloor
œufs (m pl)	балык уругу	balık urugu
larve (f)	курт	kurt
nageoire (f)	сүзгүч	syzgytʃ
écaille (f)	кабырчык	kabırtʃık

croc (m)	азуу тиш	azuu tiʃ
patte (f)	таман	taman
museau (m)	тумшук	tumʃuk
gueule (f)	ооз	ooz
queue (f)	куйрук	kujruk
moustaches (f pl)	мурут	murut

sabot (m)	туяк	tujak
corne (f)	мүйүз	myjyz

carapace (f)	калканч	kalkantʃ
coquillage (m)	үлүл кабыгы	ylyl kabıgı
coquille (f) d'œuf	кабык	kabık

poil (m)	жүн	dʒyn
peau (f)	тери	teri

185. Les habitats des animaux

habitat (m) naturel	жашоо чөйрөсү	dʒaʃoo tʃøjrøsy
migration (f)	миграция	migratsija
montagne (f)	тоо	too

| récif (m) | риф | rif |
| rocher (m) | зоока | zooka |

forêt (f)	токой	tokoj
jungle (f)	джунгли	ʤungli
savane (f)	саванна	savanna
toundra (f)	тундра	tundra

steppe (f)	талаа	talaa
désert (m)	чөл	ʧøl
oasis (f)	оазис	oazis

mer (f)	деңиз	deŋiz
lac (m)	көл	køl
océan (m)	мухит	muχit

marais (m)	саз	saz
d'eau douce (adj)	тузсуз суулу көл	tuzsuz suulu køl
étang (m)	жасалма көлмө	ʤasalma kølmø
rivière (f), fleuve (m)	дарыя	darıja

tanière (f)	ийин	ijin
nid (m)	уя	uja
creux (m)	көңдөй	køŋdøj
terrier (m) (~ d'un renard)	ийин	ijin
fourmilière (f)	кумурска уюгу	kumurska ujʉgu

La flore

186. Les arbres

arbre (m)	дарак	darak
à feuilles caduques	жалбырактуу	ʤalbıraktuu
conifère (adj)	ийне жалбырактуулар	ijne ʤalbıraktuular
à feuilles persistantes	дайым жашыл	dajım ʤaʃıl
pommier (m)	алма бак	alma bak
poirier (m)	алмурут бак	almurut bak
merisier (m)	гилас	gilas
cerisier (m)	алча	alʧa
prunier (m)	кара өрүк	kara øryk
bouleau (m)	ак кайың	ak kajıŋ
chêne (m)	эмен	emen
tilleul (m)	жөкө дарак	ʤøkø darak
tremble (m)	бай терек	baj terek
érable (m)	клён	klʲon
épicéa (m)	кара карагай	kara karagaj
pin (m)	карагай	karagaj
mélèze (m)	лиственница	listvennitsa
sapin (m)	пихта	piχta
cèdre (m)	кедр	kedr
peuplier (m)	терек	terek
sorbier (m)	четин	ʧetin
saule (m)	мажүрүм тал	maʤyrym tal
aune (m)	ольха	olʲχa
hêtre (m)	бук	buk
orme (m)	кара жыгач	kara ʤıgaʧ
frêne (m)	ясень	jasenʲ
marronnier (m)	каштан	kaʃtan
magnolia (m)	магнолия	magnolija
palmier (m)	пальма	palʲma
cyprès (m)	кипарис	kiparis
palétuvier (m)	мангро дарагы	mangro daragı
baobab (m)	баобаб	baobab
eucalyptus (m)	эвкалипт	evkalipt
séquoia (m)	секвойя	sekvoja

187. Les arbustes

buisson (m)	бадал	badal
arbrisseau (m)	бадал	badal

| vigne (f) | жүзүм | dʒyzym |
| vigne (f) (vignoble) | жүзүмдүк | dʒyzymdyk |

framboise (f)	дан куурай	dan kuuraj
cassis (m)	кара карагат	kara karagat
groseille (f) rouge	кызыл карагат	kızıl karagat
groseille (f) verte	крыжовник	krıdʒovnik

acacia (m)	акация	akatsija
berbéris (m)	бөрү карагат	børy karagat
jasmin (m)	жасмин	dʒasmin

genévrier (m)	кара арча	kara artʃa
rosier (m)	роза бадалы	roza badalı
églantier (m)	ит мурун	it murun

188. Les champignons

champignon (m)	козу карын	kozu karın
champignon (m) comestible	желе турган козу карын	dʒele turgan kozu karın
champignon (m) vénéneux	уулуу козу карын	uuluu kozu karın
chapeau (m)	козу карындын телпеги	kozu karındın telpegi
pied (m)	аякчасы	ajaktʃası

cèpe (m)	ак козу карын	ak kozu karın
bolet (m) orangé	подосиновик	podosinovik
bolet (m) bai	подберёзовик	podberˈozovik
girolle (f)	лисичка	lisitʃka
russule (f)	сыроежка	sıroedʒka

morille (f)	сморчок	smortʃok
amanite (f) tue-mouches	мухомор	muχomor
oronge (f) verte	поганка	poganka

189. Les fruits. Les baies

| fruit (m) | мөмө-жемиш | mømø-dʒemiʃ |
| fruits (m pl) | мөмө-жемиш | mømø-dʒemiʃ |

pomme (f)	алма	alma
poire (f)	алмурут	almurut
prune (f)	кара өрүк	kara øryk

fraise (f)	кулпунай	kulpunaj
cerise (f)	алча	altʃa
merise (f)	гилас	gilas
raisin (m)	жүзүм	dʒyzym

framboise (f)	дан куурай	dan kuuraj
cassis (m)	кара карагат	kara karagat
groseille (f) rouge	кызыл карагат	kızıl karagat
groseille (f) verte	крыжовник	krıdʒovnik

canneberge (f)	клюква	klukva
orange (f)	апельсин	apelʲsin
mandarine (f)	мандарин	mandarin
ananas (m)	ананас	ananas
banane (f)	банан	banan
datte (f)	курма	kurma
citron (m)	лимон	limon
abricot (m)	өрүк	øryk
pêche (f)	шабдаалы	ʃabdaalɪ
kiwi (m)	киви	kivi
pamplemousse (m)	грейпфрут	grejpfrut
baie (f)	жер жемиш	dʒer dʒemiʃ
baies (f pl)	жер жемиштер	dʒer dʒemiʃter
airelle (f) rouge	брусника	brusnika
fraise (f) des bois	кызылгат	kɪzɪlgat
myrtille (f)	кара моюл	kara mojul

190. Les fleurs. Les plantes

fleur (f)	гүл	gyl
bouquet (m)	десте	deste
rose (f)	роза	roza
tulipe (f)	жоогазын	dʒoogazɪn
oeillet (m)	гвоздика	gvozdika
glaïeul (m)	гладиолус	gladiolus
bleuet (m)	ботокөз	botokøz
campanule (f)	коңуроо гүл	koŋguroo gyl
dent-de-lion (f)	каакым-кукум	kaakɪm-kukum
marguerite (f)	ромашка	romaʃka
aloès (m)	алоэ	aloe
cactus (m)	кактус	kaktus
ficus (m)	фикус	fikus
lis (m)	лилия	lilija
géranium (m)	герань	geranʲ
jacinthe (f)	гиацинт	giatsint
mimosa (m)	мимоза	mimoza
jonquille (f)	нарцисс	nartsiss
capucine (f)	настурция	nasturtsija
orchidée (f)	орхидея	orχideja
pivoine (f)	пион	pion
violette (f)	бинапша	binapʃa
pensée (f)	алагүл	alagyl
myosotis (m)	незабудка	nezabudka
pâquerette (f)	маргаритка	margaritka
coquelicot (m)	кызгалдак	kɪzgaldak

| chanvre (m) | наша | naʃa |
| menthe (f) | жалбыз | dʒalbɯz |

| muguet (m) | ландыш | landɯʃ |
| perce-neige (f) | байчечекей | bajtʃetʃekej |

ortie (f)	чалкан	tʃalkan
oseille (f)	ат кулак	at kulak
nénuphar (m)	чөмүч баш	tʃømytʃ baʃ
fougère (f)	папоротник	paporotnik
lichen (m)	лишайник	liʃajnik

serre (f) tropicale	күнөскана	kynøskana
gazon (m)	газон	gazon
parterre (m) de fleurs	клумба	klumba

plante (f)	өсүмдүк	øsymdyk
herbe (f)	чөп	tʃøp
brin (m) d'herbe	бир тал чөп	bir tal tʃøp

feuille (f)	жалбырак	dʒalbɯrak
pétale (m)	гүлдүн желекчеси	gyldyn dʒelektʃesi
tige (f)	сабак	sabak
tubercule (m)	жемиш тамыр	dʒemiʃ tamɯr

| pousse (f) | өсмө | øsmø |
| épine (f) | тикен | tiken |

fleurir (vi)	гүлдөө	gyldøø
se faner (vp)	соолуу	sooluu
odeur (f)	жыт	dʒɯt
couper (vt)	кесүү	kesyy
cueillir (fleurs)	үзүү	yzyy

191. Les céréales

grains (m pl)	дан	dan
céréales (f pl) (plantes)	дан эгиндери	dan eginderi
épi (m)	машак	maʃak

blé (m)	буудай	buudaj
seigle (m)	кара буудай	kara buudaj
avoine (f)	сулу	sulu
millet (m)	таруу	taruu
orge (f)	арпа	arpa
maïs (m)	жүгөрү	dʒygøry
riz (m)	күрүч	kyrytʃ
sarrasin (m)	гречиха	gretʃiχa

pois (m)	нокот	nokot
haricot (m)	төө буурчак	tøø buurtʃak
soja (m)	соя	soja
lentille (f)	жасмык	dʒasmɯk
fèves (f pl)	буурчак	buurtʃak

LA GÉOGRAPHIE RÉGIONALE

Les pays du monde. Les nationalités

192. La politique. Le gouvernement. Partie 1

politique (f)	саясат	sajasat
politique (adj)	саясий	sajasij
homme (m) politique	саясатчы	sajasattʃı
état (m)	мамлекет	mamleket
citoyen (m)	жаран	dʒaran
citoyenneté (f)	жарандык	dʒarandık
armoiries (f pl) nationales	улуттук герб	uluttuk gerb
hymne (m) national	мамлекеттик гимн	mamlekettik gimn
gouvernement (m)	өкмөт	økmøt
chef (m) d'état	мамлекет башчысы	mamleket baʃtʃısı
parlement (m)	парламент	parlament
parti (m)	партия	partija
capitalisme (m)	капитализм	kapitalizm
capitaliste (adj)	капиталистик	kapitalistik
socialisme (m)	социализм	sotsializm
socialiste (adj)	социалистик	sotsialistik
communisme (m)	коммунизм	kommunizm
communiste (adj)	коммунистик	kommunistik
communiste (m)	коммунист	kommunist
démocratie (f)	демократия	demokratija
démocrate (m)	демократ	demokrat
démocratique (adj)	демократиялык	demokratijalık
parti (m) démocratique	демократиялык партия	demokratijalık partija
libéral (m)	либерал	liberal
libéral (adj)	либералдык	liberaldık
conservateur (m)	консерватор	konservator
conservateur (adj)	консервативдик	konservativdik
république (f)	республика	respublika
républicain (m)	республикачы	respublikatʃı
parti (m) républicain	республикалык	respublikalık
élections (f pl)	шайлоо	ʃajloo
élire (vt)	шайлоо	ʃajloo

| électeur (m) | шайлоочу | ʃajlooʧu |
| campagne (f) électorale | шайлоо кампаниясы | ʃajloo kampanijası |

vote (m)	добуш	dobuʃ
voter (vi)	добуш берүү	dobuʃ beryy
droit (m) de vote	добуш берүү укугу	dobuʃ beryy ukugu

candidat (m)	талапкер	talapker
poser sa candidature	талапкерлигин көрсөтүү	talapkerligin kørsøtyy
campagne (f)	кампания	kampanija

| d'opposition (adj) | оппозициялык | oppozitsijalık |
| opposition (f) | оппозиция | oppozitsija |

visite (f)	визит	vizit
visite (f) officielle	расмий визит	rasmij vizit
international (adj)	эл аралык	el aralık

| négociations (f pl) | сүйлөшүүлөр | syjløʃyylør |
| négocier (vi) | сүйлөшүүлөр жүргүзүү | syjløʃyylør dʒyrgyzyy |

193. La politique. Le gouvernement. Partie 2

société (f)	коом	koom
constitution (f)	конституция	konstitutsija
pouvoir (m)	бийлик	bijlik
corruption (f)	коррупция	korruptsija

| loi (f) | мыйзам | mıjzam |
| légal (adj) | мыйзамдуу | mıjzamduu |

| justice (f) | адилеттик | adilettik |
| juste (adj) | адилеттүү | adilettyy |

comité (m)	комитет	komitet
projet (m) de loi	мыйзам долбоору	mıjzam dolbooru
budget (m)	бюджет	bʉdʒet
politique (f)	саясат	sajasat
réforme (f)	реформа	reforma
radical (adj)	радикалдуу	radikalduu

puissance (f)	күч	kyʧ
puissant (adj)	кудуреттүү	kudurettyy
partisan (m)	жактоочу	dʒaktooʧu
influence (f)	таасир	taasir

régime (m)	түзүм	tyzym
conflit (m)	чыр-чатак	ʧır-ʧatak
complot (m)	заговор	zagovor
provocation (f)	айгак аракети	ajgak araketi

renverser (le régime)	кулатуу	kulatuu
renversement (m)	кулатуу	kulatuu
révolution (f)	ыңкылап	ıŋkılap

| coup (m) d'État | төңкөрүш | tøŋkøryʃ |
| coup (m) d'État militaire | аскердик төңкөрүш | askerdik tøŋkøryʃ |

crise (f)	каатчылык	kaattʃılık
baisse (f) économique	экономикалык төмөндөө	ekonomikalık tømøndøø
manifestant (m)	демонстрант	demonstrant
manifestation (f)	демонстрация	demonstratsija
loi (f) martiale	согуш абалында	soguʃ abalında
base (f) militaire	аскер базасы	asker bazası

| stabilité (f) | туруктуулук | turuktuuluk |
| stable (adj) | туруктуу | turuktuu |

| exploitation (f) | эзүү | ezyy |
| exploiter (vt) | эзүү | ezyy |

racisme (m)	расизм	rasizm
raciste (m)	расист	rasist
fascisme (m)	фашизм	faʃizm
fasciste (m)	фашист	faʃist

194. Les différents pays du monde. Divers

étranger (m)	чет өлкөлүк	tʃet ølkølyk
étranger (adj)	чет өлкөлүк	tʃet ølkølyk
à l'étranger (adv)	чет өлкөдө	tʃet ølkødø

émigré (m)	эмигрант	emigrant
émigration (f)	эмиграция	emigratsija
émigrer (vi)	башка өлкөгө көчүү	baʃka ølkøgø køtʃyy

Ouest (m)	Батыш	batıʃ
Est (m)	Чыгыш	tʃıgıʃ
Extrême Orient (m)	Алыскы Чыгыш	alıskı tʃıgıʃ

civilisation (f)	цивилизация	tsıvilizatsija
humanité (f)	адамзат	adamzat
monde (m)	аалам	aalam
paix (f)	тынчтык	tıntʃtık
mondial (adj)	дүйнөлүк	dyjnølyk

patrie (f)	мекен	meken
peuple (m)	эл	el
population (f)	калк	kalk
gens (m pl)	адамдар	adamdar
nation (f)	улут	ulut
génération (f)	муун	muun

territoire (m)	аймак	ajmak
région (f)	регион	region
état (m) (partie du pays)	штат	ʃtat

| tradition (f) | салт | salt |
| coutume (f) | үрп-адат | yrp-adat |

écologie (f)	экология	ekologija
indien (m)	индеец	indeets
bohémien (m)	цыган	tsıgan
bohémienne (f)	цыган аял	tsıgan ajal
bohémien (adj)	цыгандык	tsıgandık

empire (m)	империя	imperija
colonie (f)	колония	kolonija
esclavage (m)	кулчулук	kultʃuluk
invasion (f)	басып келүү	basıp kelyy
famine (f)	ачарчылык	atʃartʃılık

195. Les groupes religieux. Les confessions

| religion (f) | дин | din |
| religieux (adj) | диний | dinij |

foi (f)	диний ишеним	dinij iʃenim
croire (en Dieu)	ишенүү	iʃenyy
croyant (m)	динчил	dintʃil

| athéisme (m) | атеизм | ateizm |
| athée (m) | атеист | ateist |

christianisme (m)	Христианчылык	χristiantʃılık
chrétien (m)	христиан	χristian
chrétien (adj)	христиандык	χristiandık

catholicisme (m)	Католицизм	katolitsizm
catholique (m)	католик	katolik
catholique (adj)	католиктер	katolikter

protestantisme (m)	Протестантизм	protestantizm
Église (f) protestante	Протестанттык чиркөө	protestanttık tʃirkøø
protestant (m)	протестанттар	protestanttar

Orthodoxie (f)	Православие	pravoslavie
Église (f) orthodoxe	Православдык чиркөө	pravoslavdık tʃirkøø
orthodoxe (m)	православдык	pravoslavdık

Presbytérianisme (m)	Пресвитерианчылык	presviteriantʃılık
Église (f) presbytérienne	Пресвитериандык чиркөө	presviteriandık tʃirkøø
presbytérien (m)	пресвитериандык	presviteriandık

| Église (f) luthérienne | Лютерандык чиркөө | luterandık tʃirkøø |
| luthérien (m) | лютерандык | luterandık |

| Baptisme (m) | Баптизм | baptizm |
| baptiste (m) | баптист | baptist |

Église (f) anglicane	Англикан чиркөөсү	anglikan tʃirkøøsy
anglican (m)	англикан	anglikan
Mormonisme (m)	Мормондук	mormonduk
mormon (m)	мормон	mormon

| judaïsme (m) | Иудаизм | iudaizm |
| juif (m) | иудей | iudej |

| Bouddhisme (m) | Буддизм | buddizm |
| bouddhiste (m) | буддист | buddist |

| hindouisme (m) | Индуизм | induizm |
| hindouiste (m) | индуист | induist |

islam (m)	Ислам	islam
musulman (m)	мусулман	musulman
musulman (adj)	мусулмандык	musulmandık

| Chiisme (m) | Шиизм | ʃiizm |
| chiite (m) | шиит | ʃiit |

| Sunnisme (m) | Суннизм | sunnizm |
| sunnite (m) | суннит | sunnit |

196. Les principales religions. Le clergé

| prêtre (m) | поп | pop |
| Pape (m) | Рим Папасы | rim papası |

moine (m)	кечил	ketʃil
bonne sœur (f)	кечил аял	ketʃil ajal
pasteur (m)	пастор	pastor

abbé (m)	аббат	abbat
vicaire (m)	викарий	vikarij
évêque (m)	епископ	episkop
cardinal (m)	кардинал	kardinal

prédicateur (m)	диний үгүттөөчү	dinij ygyttøøtʃy
sermon (m)	үгүт	ygyt
paroissiens (m pl)	чиркөө коомунун мүчөлөрү	tʃirkøø koomunun mytʃøløry

| croyant (m) | динчил | dintʃil |
| athée (m) | атеист | ateist |

197. La foi. Le Christianisme. L'Islam

| Adam | Адам ата | adam ata |
| Ève | Обо эне | obo ene |

Dieu (m)	Кудай	kudaj
le Seigneur	Алла талаа	alla talaa
le Tout-Puissant	Кудуреттүү	kudurettyy

| péché (m) | күнөө | kynøø |
| pécher (vi) | күнөө кылуу | kynøø kıluu |

pécheur (m)	күнөөкөр	kynøøkør
pécheresse (f)	күнөөкөр аял	kynøøkør ajal
enfer (m)	тозок	tozok
paradis (m)	бейиш	bejiʃ
Jésus	Иса	isa
Jésus Christ	Иса Пайгамбар	isa pajgambar
le Saint-Esprit	Ыйык Рух	ijik ruχ
le Sauveur	Куткаруучу	kutkaruutʃu
la Sainte Vierge	Бүбү Мариям	byby marijam
le Diable	Шайтан	ʃajtan
diabolique (adj)	шайтан	ʃajtan
Satan	Шайтан	ʃajtan
satanique (adj)	шайтандык	ʃajtandık
ange (m)	перnumberиште	periʃte
ange (m) gardien	сактагыч перnumberиште	saktagıtʃ periʃte
angélique (adj)	перumberиште	periʃte
apôtre (m)	апостол	apostol
archange (m)	архангель	arχangelʲ
antéchrist (m)	антихрист	antiχrist
Église (f)	Чиркөө	tʃirkøø
Bible (f)	библия	biblija
biblique (adj)	библиялык	biblijalık
Ancien Testament (m)	Эзелки осуят	ezelki osujat
Nouveau Testament (m)	Жаңы осуят	dʒaŋı osujat
Évangile (m)	Евангелие	evangelie
Sainte Écriture (f)	Ыйык	ijik
Cieux (m pl)	Жаннат	dʒannat
commandement (m)	парз	parz
prophète (m)	пайгамбар	pajgambar
prophétie (f)	пайгамбар сөзү	pajgambar søzy
Allah	Аллах	allaχ
Mahomet	Мухаммед	muχammed
le Coran	Куран	kuran
mosquée (f)	мечит	metʃit
mulla (m)	мулла	mulla
prière (f)	дуба	duba
prier (~ Dieu)	дуба кылуу	duba kıluu
pèlerinage (m)	зыярат	zıjarat
pèlerin (m)	зыяратчы	zıjarattʃı
La Mecque	Мекке	mekke
église (f)	чиркөө	tʃirkøø
temple (m)	ибадаткана	ibadatkana
cathédrale (f)	чоң чиркөө	tʃoŋ tʃirkøø

gothique (adj)	готикалуу	gotikaluu
synagogue (f)	синагога	sinagoga
mosquée (f)	мечит	metʃit
chapelle (f)	кичинекей чиркөө	kitʃinekej tʃirkøø
abbaye (f)	аббаттык	abbattık
monastère (m)	монастырь	monastırʲ
cloche (f)	коңгуроо	konguroo
clocher (m)	коңгуроо мунарасы	konguroo munarası
sonner (vi)	коңгуроо кагуу	konguroo kaguu
croix (f)	крест	krest
coupole (f)	купол	kupol
icône (f)	икона	ikona
âme (f)	жан	dʒan
sort (m) (destin)	тагдыр	tagdır
mal (m)	жамандык	dʒamandık
bien (m)	жакшылык	dʒakʃılık
vampire (m)	кан соргуч	kan sorgutʃ
sorcière (f)	жез тумшук	dʒez tumʃuk
démon (m)	шайтан	ʃajtan
esprit (m)	арбак	arbak
rachat (m)	күнөөнү жуу	kynøøny dʒuu
racheter (pécheur)	күнөөнү жуу	kynøøny dʒuu
office (m), messe (f)	ибадат	ibadat
dire la messe	ибадат кылуу	ibadat kıluu
confession (f)	сыр төгүү	sır tøgyy
se confesser (vp)	сыр төгүү	sır tøgyy
saint (m)	ыйык	ıjık
sacré (adj)	ыйык	ıjık
l'eau bénite	ыйык суу	ıjık suu
rite (m)	диний ырым-жырым	dinij ırım-dʒırım
rituel (adj)	диний ырым-жырым	dinij ırım-dʒırım
sacrifice (m)	курмандык	kurmandık
superstition (f)	ырым-жырым	ırım-dʒırım
superstitieux (adj)	ырымчыл	ırımtʃıl
vie (f) après la mort	тиги дүйнө	tigi dyjnø
vie (f) éternelle	түбөлүк жашоо	tybølyk dʒaʃoo

DIVERS

198. Quelques mots et formules utiles

aide (f)	жардам	dʒardam
arrêt (m) (pause)	токтотуу	toktotuu
balance (f)	теңдем	teŋdem
barrière (f)	тоскоолдук	toskoolduk
base (f)	түп	typ
catégorie (f)	категория	kategorija
cause (f)	себеп	sebep
choix (m)	тандоо	tandoo
chose (f) (objet)	буюм	bujʉm
coïncidence (f)	дал келгендик	dal kelgendik
comparaison (f)	салыштырма	salıʃtırma
compensation (f)	ордун толтуруу	ordun tolturuu
confortable (adj)	ыңгайлуу	ıngajluu
croissance (f)	өсүү	øsyy
début (m)	башталыш	baʃtalıʃ
degré (m) (~ de liberté)	даража	daradʒa
développement (m)	өнүгүү	ønygyy
différence (f)	айырма	ajırma
d'urgence (adv)	шашылыш	ʃaʃılıʃ
effet (m)	таасир	taasir
effort (m)	күч аракет	kytʃ araket
élément (m)	элемент	element
exemple (m)	мисал	misal
fait (m)	далил	dalil
faute, erreur (f)	ката	kata
fin (f)	бүтүү	bytyy
fond (m) (arrière-plan)	фон	fon
forme (f)	тариз	tariz
fréquent (adj)	бат-бат	bat-bat
genre (m) (type, sorte)	түр	tyr
idéal (m)	идеал	ideal
labyrinthe (m)	лабиринт	labirint
mode (m) (méthode)	ыкма	ıkma
moment (m)	учур	utʃur
objet (m)	объект	obʰjekt
obstacle (m)	тоскоолдук	toskoolduk
original (m)	түпнуска	typnuska
part (f)	бөлүгү	bølygy
particule (f)	бөлүкчө	bølyktʃø

pause (f)	тыныгуу	tınıguu
position (f)	позиция	pozitsija
principe (m)	усул	usul
problème (m)	көйгөй	køjgøj
processus (m)	жараян	dʒarajan

progrès (m)	өнүгүү	ønygyy
propriété (f) (qualité)	касиет	kasiet
réaction (f)	реакция	reaktsija
risque (m)	тобокел	tobokel
secret (m)	сыр	sır

série (f)	катар	katar
situation (f)	кырдаал	kırdaal
solution (f)	чечүү	tʃetʃyy
standard (adj)	стандарттуу	standarttuu
standard (m)	стандарт	standart

style (m)	стиль	stilʲ
système (m)	тутум	tutum
tableau (m) (grille)	жадыбал	dʒadıbal
tempo (m)	темп	temp

terme (m)	атоо	atoo
tour (m) (attends ton ~)	кезек	kezek
type (m) (~ de sport)	түр	tyr
urgent (adj)	шашылыш	ʃaʃılıʃ

utilité (f)	пайда	pajda
vérité (f)	чындык	tʃındık
version (f)	вариант	variant
zone (f)	алкак	alkak